KB215954

설교자하우스 본문산책 01
하박국

신자는 그래도 제 길을 간다

설교자하우스 본문산책 01

신자는 그래도 제 길을 간다

초판 1쇄	2021년 2월 25일
초판 2쇄	2023년 8월 30일

지은이	정창균
펴낸이	황대연
발행처	설교자하우스
주소	경기 수원시 팔달구 권광로 276번길 45, 3층
전화	070. 8267. 2928
전자우편	1234@naver.com
등록	2014. 8. 6.

ISBN   979-11-955384-9-2 (93230)

ⓒ 정창균 2021

* 이 책은 저작권법에 따라 보호를 받는 저작물이므로 무단전재와 무단복제를 금합니다.
* 값은 뒷표지에 있습니다.

신앙이 통하지 않는 현실에서
새롭게 만나는
하나님

신자는
그래도 제 길을
간다

하박국

정창균

설교자하우스

하박국서는 내게 특별한 책 가운데 하나다. 신앙인으로, 그리고 신학자로 하루하루 주어지는 현실을 살아내야 하는 나의 신앙관에 그리고 현실에서 일어나는 일을 신학의 눈으로 읽어내야 하고 나름대로 그에 답을 해야 하는 나의 신학적 탐구에 적잖은 지침을 나는 하박국에서 얻었다.

하박국서는 비교적 단순한 이야기 줄거리로 되어 있다. 선지자는 악인이 의인을 에워싸고, 그리하여 율법은 무너지고 공의는 사라져버리는 현실을 살고 있다. 이러한 현실에 대하여 선지자는 하나님을 향하여 항변성 질문을 던진다. 선지자는 하나님을 향하여 탄원하고 하나님은 선지자에게 대답하는 과정을 반복한다. 이러한 과정을 거치면서 선지자는 하나님의 역사 진행에 대한 새로운 안목과 확신을 갖게 된다. 선지자는 자신의 현실이 어떻게 곤두박질을 치든지 상관없이 여전히 즐거워하고 기뻐하며 노래를 부르는 신앙인의 경지에 마침내 이르게 된다. 이것이 하박국의 이야기를 이끌어가는 골자다. 자신이 처한 현실을 놓고 하나님을 향하여 따져 물으며 항변하던 선지자가 더 악화된 현실 가운데도 즐거움과 기쁨으로 찬양의 기도를 드리는 혁명적 변화가 어디에서 온 것인가를 묻고 추적하도록 본문은 우리를 이끌고 있다.

삶의 현장이 신학에 문제를 제기하고, 신학이 삶의 현장을 주도해 나가는 모습을 우리는 이 책에서 본다. 이것은 신앙인이 현장을 살아가는 가장 바람직한 모습이기도 하다. 교회 안에만 갇혀있는 신앙, 신학교 연구실과 강의실 안에서만 활개를 치는 신학은 쓸모가 없다. 그것은 옳은 것도 아니고, 하나님이 의도하신 것도 아니다. 현장에서 직면하는 모든 문제를 성경에게 묻는 것이 신앙생활이고, 현장에서 일어나고 있는 일상의 문제에 관심을 두고 실질적인 답을 하는 것이 신학이다. 여기에 소위 신학하는 자 그리고 신앙생활 하는 자의 현실적 치열함이 있다. 영적인 차원이라는 명분으로 신앙과 현실의 삶을 분리시키고, 학문이라는 이름으로 신학을 현실의 삶과 고립시키는 일은 이제 그만두어야 한다.

하박국서는 혹독한 현실을 사는 사람이 하나님께 매달려서 현실의 불의와 고난 문제를 해결 받는 내용이 아니다. 신자가 처한 혹독한 현실이 극적으로 변함으로 드디어 기쁨과 찬양을 회복하는 이야기가 아니다. 상황이 아니라, 신자 자신이 변함으로써 그렇게 혹독한 현실 상황에서도 오히려 즐거워하며 노래를 부르게 된다는 것이 하박국서가 보여주는 신앙생활의 진면목이다. 신앙은 처한 현실을 뒤집어 바꾸어버리는 마법이 아니다. 신앙은 처한 현실에 대한 반응을 제대로 하는 삶의 태도이다. 신앙생활은 고난을 당하지 않는 안전장치나 마법의 상자가 아니다. 하박국은 어떤 현실 가운데서도 즐거워하며 감사와 승리의 노래를 부르는 모험과 능력을 신앙생활이라고 가르친다. 사도 바울이 빌립보서에서 주안에서 누리는 능력이라고 선언하는 것이 그것이다. "내가 비천에 처할 줄도 알고 풍부에 처할 줄도 알아 모든 일에 배부르며 배고픔과 풍부와 궁핍에도 일체의 비결을 배웠노라 내게 능력 주시는 자 안에서 내가 모든 것을 할 수 있느니라"(빌 4:12-13).

우리가 신학을 하고 신앙생활을 한다는 것은 그렇게 확실하고 명료한 우리의 신학과 그것이 통하지 않는 현실 사이에 들어서는 것을 말한다. 그 중간에 서서 고뇌하고 방황하며 현장을 뚫는 신학의 답 한 가닥씩을 찾아가는 과정이기도 하다. 아마도 하박국 선지자가 그 대표적인 사례 가운데 하나일 것이다. 하박국 선지자가 고뇌하는 핵심 문제는 그렇게 확실한 자신의 신학과 신앙이 매일의 삶의 현장에서 전혀 통하지 않고, 먹히지 않고 있다는 사실이었다. 신학과 현실 사이의 괴리, 신앙으로 고백하는 하나님과 일상의 현장에서 확인하는 하나님 사이의 불일치다. 그래서 그는 괴로워하고, 번뇌하고, 황당해한다. 그리고 하나님께 따져 묻는다. "왜 이러시는 겁니까?" "어느 때까지 이러실 겁니까?" 사실, 하박국만의 이야기가 아니다. 바로 우리 자신, 모든 신앙인의 문제다. 다시 말하거니와, 우리가 신학을 하고 신앙생활을 한다는 것은 이 괴리의 한 가운데 서서 탄식하고 묻고 고뇌하고 방황하면서 현상의 문제를 신학에 물어 신학이 현장에 잇대어지고, 현장이 다시 답을 얻어가며 신학에 대한 이해의 영역을 넓히는 긴 여정이다. 그렇게 삶의 현장에서 하나님의 길을 더듬어 찾아가는 과정이다. 분노에 찬 항변으로 시작한 하박국 선지자가 세상이 아무리 뒤집혀도 나는 가야 할 나의 길이 있다고 선언하는 중간 기착지를 거쳐, 아무리 현실이 혹독하고 고통스러워도 나는 여전히 즐거워할 이유가 있고 여전히 부를 찬송이 있다는 환희의 종착지에 도착한 것은 바로 이러한 과정을 거치면서 일어난 사건이었다. 이런 점에서 신앙생활이란 한 번의 극적인 이벤트가 아니라, 삶의 과정이고 인생의 여정이다.

이 책의 내력과 활용

이 책의 내용은 내가 지난 22년 동안 이끌어 온 설교자하우스 캠프에서 상당수의 목회자와 함께 다루었던 내용을 정리한 것이다. 우리는 장소가 어디가 되든지, 규모가 얼마가 되든지, 우리가 서는 강단에서는 하나님 말씀의 능력을 나타내는 설교자가 되자는 비전을 품고 함께 지내왔다. 그리고 그런 설교자를 이 나라 안팎의 강단에 세우는 일에 어떤 식으로든지 헌신하고 기여하겠다는 꿈을 품고 지내왔다. 설교자하우스로 그렇게 20년 이상을 지내오다 보니 마치 발자국처럼 그간 나누었던 여러 내용이 차곡차곡 쌓이게 되었다. 그래서 여러 곳의 여러 사람과 이 내용을 공유하려는 소원을 품고 도서출판 설교자하우스에서 책을 내기 시작하였다. 이 책은 그런 연유로 세상에 나오게 되었다. 그런 점에서 이 책은 단순히 나 한 사람의 설교집도 아니고, 성경 강해집도 아니다. 하박국의 말씀으로 설교하고 싶은 설교자나 성경을 가르치고 싶은 성경교사, 그리고 스스로 본문 말씀을 탐구하며 묵상하기를 원하는 성경을 사랑하는 신자들에게 길잡이가 되고, 도우미가 되고, 친구가 되고 싶은 열정의 산물이다. 사실은 "스스로 하는 본문 탐구와 묵상"이라는 타이틀로 여기에 담긴 내용을 본문에서 찾아가도록 관점을 이끄는 질문집이 별도로 있으나 이 책에는 싣지 않았다. 기회가 있으면 원하는 이들과 함께 나눌 계획이다.

신학교 총장의 임기를 마침과 함께 교수의 직을 은퇴하고 이제 본격적으로 설교자하우스 사역에 몰입하는 전환점을 갖게 된 것은 내 인생에 있어서 커다란 사건이다. 가슴을 설레게 하는 대전환을 앞두고 이 사건을 기념하여 드디어 이 책을 내놓게 되었다. 지난 세월 동안 설교자하우스에서 함께 살아온 하우스맨들이 사무치게 고맙다. 그리고 설교자하우스가 마음껏 사역을 펼쳐가도록 탄탄한 기반과 뒷심이 되어주는 SLProvider의 대표 정채훈 장로님, 그리고 나의 건강과 체력을 책임지고 관리해오신 최진석 원장님에 대한 깊은 감사가 가슴 속 깊이 사무친다. 이 작은 책에 담긴 설교자하우스의 노력과 소원이 여러 곳에서 여러 사람에게 잘 전달되어 신자로서 말씀과 더불어 현실을 살아가는 데 유익이 되고 힘이 된다면 정말 그 이상 다른 소원이 없겠다.

합동신학대학원대학교 총장
설교자하우스 대표
정창균

CHAPTER 3 새롭게 만나는 하나님

보여주시는 것을 보겠습니다

CHAPTER 4 환난 가운데서 부르는 노래

나는 여전히 즐거워할 이유와 부를 노래가 있습니다!

1 Chapter

하박국

하박
국

큰 그림 보기

한국교회가 들어야 할
성루에서 선포되는 말

큰 그림 보기

개요

하박국서는 60절도 채 안 되는 짧은 분량에 줄거리도 단순하다. 그 문학적 구조도 선지자와 하나님 사이의 두 번에 걸친 질의응답과 선지자의 최종 반응으로서 선지자의 기도로 간단하게 구성되어 있다. 그러나 이 작은 책이 다루고 있는 주제의 깊이나 중요성은 결코 단순하거나 가볍지 않다. 사도 바울은 기독교 신학의 기둥과 같은 진리를 세우면서 하박국서의 말씀으로 근거를 삼는다(롬 1:17, 갈 3:11). 히브리서는 말세를 사는 신자가 살아야 할 삶의 대원리를 밝히면서 역시 하박국서의 말씀을 결정적으로 인용한다(히 10:38). "의인은 그의 믿음으로 말미암아 살리라"라는 하박국 2:4절의 말씀이다. 마치 하박국서의 간판처럼 떠오르는 말씀이기도 하다.

CCM 등으로 작곡되어 신자 대부분이 기억하는 유명한 여러 성경 구절들이 이 짧은 하박국서에서 나온 말씀들이다. "물이 바다를 덮음같이 여호와의 영광을 인정하는 것이 세상에 가득하리라"(2:14). "오직 여호와는 그 성전에 계시니 온 땅은 그 앞에서 잠잠할지니라"(2:20). "무화과나무가 무성치 못하며 포도나무에 열매가 없으며 감람나무에 소출이 없으며 밭에 식물이 없으며 우리에 양이 없으며 외양간에 소가 없을지라도 나는 여호와를 인하여 즐거워하며 나의 구원의 하나님을 인하여 기뻐하리로다"(3:17-18).

하박국서를 연구하는 사람들이, 하박국 2:4절 말씀이야말로 하박국서에서 가장 중요한 말씀이라고 한다. 나도 그렇게 생각한다. 그러나 하박국서의 한 가운데 있는 이 말씀은 한마디 잠언처럼 밑도 끝도 없이 뚝 떨어진 말씀이 아니다. 이 말씀이 주어지기까지는 기막힌 사연이 있다. 그것이 1장이다. 이 말씀 다음에는 기상천외한 반전이 따라온다. 그것이 3장이다. 그런 점에서 하박국은 전체가 하나의 스토리다. 그러니 단락을 쪼개어 세분하고 현미경을 들이대어 정밀한 해석을 하기 전에 전체를 하나의 이야기로 엮는 큰 그림으로 보는 것은 하박국을 이해하기 위한 필수조건이다.

1장 – 따져 묻는 항변

하박국 1장에 굳이 제목을 붙이자면 "따져 묻는 항변"이다. 다른 모든 선지서들은 선지자 혹은 백성을 향하여 던지시는 하나님의 도전(God's challenge to his people)으로부터 실마리를 풀어간다. 그러나 하박국서는 하나님을 향한 선지자의 도전(the prophet's challenge to God)으로부터 시작한다. 선지자가 하나님께 따져 묻는 항변이다. 삶의 현장에서 신앙이 통하지 않기 때문이다. 하나님이 하시는 일이 그의 신학과 맞아떨어지지 않기 때문이다. 그러므로 그의 항변은 반항이 아니라, 차라리 고통의 발산이요 탄식이다. 그런 점에서 1장의 제목으로서는 "신앙이 통하지 않는 현실에서 겪는 고통"이 더 잘 어울린다. 그의 항변은 불신앙이 아니라, 차라리 그만큼 힘들다는 고통의 신음이기 때문이다.

신학이 공허한 구호가 되고 신앙이 무기력한 약자가 되어버리는 "통하지 않는 삶의 현장"에서 선지자는 고통스러워한다. 그리하여 하나님께 격렬하게 항변하고 탄원한다. 그의 항변은 두 마디에 담겨 있다. "왜 이러시는 겁니까?" "언제까지 이러실 겁까?" 그가 쏟아내는 항변의 핵심은 매우 간단하고 분명하다. 그것은 두 가지로 요약된다. 첫째는 하나님이 이 현실을 다스리고 계신다는 증거를 찾을 수 없다는 것이다. 하나님의 말씀이나 성품과는 딴판으로 세상이 돌아가고 있다. 그런데도 하나님은 아무런 조치도 취하지 않으신다. 마치 못 보시는 분처럼 가만히 계신다. 그래서 하나님이 없는 것처럼 세상이 돌아간다. 하박국은 이런 하나님을 이해할 수 없다. 공의의 하나님은 정말 공의를 행하시는가? 둘째는 하나님은 기도를 응답하시는 분이라는 사실을 확인할 길이 없다는 것이다. 이렇게 부조리하고 불의한 삶의 현실을 놓고 하박국은 도움을 간청하였다. 큰소리로 울부짖었다. 그런데도 마치 못 들으시는 분처럼 하나님은 아무런 대답도 안 하신다. 부르짖는 간절한 기도는 허공을 치는 메아리처럼 되돌아온다. 응답하신다고 조상 대대로 장담하시는 하나님은 어디 계신가?

불의와 부정이 승승장구하면서 판을 휘어잡는 뒤틀린 현실에 대한 하나님의 무관심, 하나님의 의와 하나님의 나라를 구하는 자신의 부르짖음에 대한 하나님의 무응답! 이것이 하박국이 삶의 현장에서 직면하고 있는 문제다. 그러나 하박국은 분명히 알고 있다. 그리고 확실히 믿고 있다. 하나님은 공의로 세상을 다스리시는 분이시다. 그리고 그의 백성의 간구에 응답하시는 분이시다. 이것이 하나님에 대한 하박국의 확고한 신학이고 신앙이다. 그런데 삶의 현장에서 그것이 확인되지 않고 있다. 결국 하박국이 고통받고 분노하는 문제의 본질은 자신의 신학과 신앙이 매일의 삶의 현장에서 전혀 통하지 않고 먹히지 않는다는 데 있다. 신학과 현실 사이의 괴리, 신앙으로 고백하는 하나님과 일상의 현장에서 확인하는 하나님 사이의 불일치이다. 그는 이 괴리를 삶의 현장에서 경험해야 하는 신앙인의 혼란과 고통에 휩싸여 있다. 그래서 그는 괴로워하고, 번뇌하며, 황당해한다. 그리고 하나님께 따져 묻는다. "어찌하여 이러시는 겁니까?" "어느 때까지 이러실 겁니까?" 그는 하나님이 많이 서운하다. 그는 어쩌면 분노하고 있다. 마침내 하나님으로부터 응답이 오고 있다. 그러나 응답의 내용은 기상천외할 만한 엉뚱한 내용이다. 갈대아 사람들을 동원하여 문제를 처리하겠다는 것이다. 좀도둑들의 불의 때문에 살 수 없다는 하소연에 하나님은 조폭들이 다스리는 세상을 만들어서 그 좀도둑들을 없애버리겠다고 응답하는 식이다. 선지자는 어이가 없다. 분노는 더 깊어진다. 항변은 더 거세어진다. 그렇게 하고도 하나님이신 것 맞느냐고, 그렇게 한다면 이스라엘의 하나님이 아닌 것 아니냐고 따져 묻는다. 그것이 하박국 1장이다.

신자로서 현실을 살다 보면 때로는 하나님이 많이 서운할 때가 있다. 우리의 신학이 통하지 않고, 우리의 신앙이 먹히지 않는 현실을 살아야 할 때 우리는 하나님이 서운하다. 서운함이 사무치면 하나님이 위로가 아니라 상처가 된다. 상처가 오래고 깊어지다 보면 때로는 하나님이 의지할 대상이 아니라 분노의 대상이 될 때가 있다. 그래서 하나님께 따져 묻고 싶을 때가 있다. 하박국은 바로 그 문제를 앓고 있다. 그는 하나님께 격렬하게 항변하고 탄원한다. "왜 이러시는 겁니까?" "언제까지 이러실 겁니까?" 우리가 신자로서 삶의 현장에서 늘 겪는 문제가 바로 그것이다. 현실이 이런 데도 하나님은 계시는 것인가? 이런 데도 나는 신앙생활을 계속해야 하는가? 왜 이러시는가? 언제까지 이러실 것인가? 사실, 이것이 현실을 살면서 우리가 늘 경험하는 아픔이 아닌가! 이런 점에서 하박국은 우리와 매우 친숙하다. 하박국의 아픔은 우리의 아픔이고 혼란이며 괴로움이다. 그의 이야기는 바로 오늘 우리들의 이야기이다. 그러나 하박국에게나 우리에게나 진정한 괴로움은 현실에서 당하는 고난이 아니다. 그런 고난과 억울함에 던져져 있는데도 아무 대책이 없으신 하나님이다. 아니 대책이 없으신 정도가 아니라, 때로는 하나님이 그런 악한 상황을 조장하시는 것 같기도 하다. 사실, 이것은 시편 73편 기자의 심각한 문제이기도 하였다. 하나님이 문제다. 이렇게 보면 하박국서는 신자가 겪는 고통의 문제를 주제로 다루고 있는 것이 아니다. 하나님을 주제로 다루고 있다. 하나님은 도대체 누구이신가? 이런 점에서 보면 하박국서의 핵심은 하박국이 새롭게 만나는 하나님인 것이 맞다.

이렇게 맹렬하게 하나님께 항변하며 따지고 대드는 선지자 하박국을 우리는 어떻게 이해해야 하는가? 그는 불신앙을 범하고, 불경건을 행하고 있는가? 하박국의 모습은 어떤 경우에도 하나님께 이런 짓을 해서는 안 된다는 것을 우리에게 가르치고 있는가? 하박국은 우리에게 반면교사인가, 따라야 할 모본인가? 하나님과 선지자 사이에서 오가는 항변과 응답에서, 그렇게 진행되는 역사 속에서 우리가 확인하게 되는 사실들은 무엇인가?

2장 – 새롭게 만나는 하나님

거세게 따져 묻는 1장의 하박국과 노래하며 기도하는 3장의 하박국 사이에 2장이 있다. 이것이 1장과 3장의 혁명적 반전의 징검다리이다. 2장은 1장의 모습에서 돌변한 하박국의 모습으로 시작한다. "내가 내 파수하는 곳에 서며, 성루에 서리라. 그가 내게 무엇이라 말씀하실는지 기다리고 바라보며 나의 질문에 대하여 어떻게 대답하실는지 보리라!" 정신없이 항변을 쏟아내던 입을 다물고 이제는 눈을 열고 귀를 열어 하나님이 보여주시는 것을 보고, 하나님이 들려주시는 것을 듣겠다고 태도를 바꾸는 것이다.

드디어 하나님의 응답이 임하고 있다. 성루에서 말씀이 선포되고 있다. 파수대에서 말씀이 울려 퍼지고 있다. "정한 때가 있다. 종말이 속히 이른다. 반드시 응하고야 만다!" 이 말을 요약하면, 역사가 끝까지 지금처럼 가지 않는다는 말이다. 반드시 하나님이 이 역사를 끝장내시는 때가 있다는 말이다. 그러므로 기다리라는 말씀이 이어진다. 결과를 알고 있으므로 기다릴 수 있다. 구약이 말하는 기다림의 신약적 표현이 인내이다. 이런 점에서 하나님의 백성에게 기다림 곧 인내란 이를 악물고 참아내는 것이 아니다. 견디어내는 것을 말하는 것이 아니다. 소망에 찬 기다림이 신자의 인내이다. 그러므로 신자에게 기다림이란 생각 없이 주저앉아서 세월을 보내는 것을 말하지 않는다. 일의 결과를 아는 자답게 오늘을 사는 것이다. 그러므로 선지자에게 임한 기다리라는 이 말씀은 이렇게 결론에 이른다. "의인은 그의 믿음으로 말미암아 살리라!" 그 말씀이 얼마나 확고부동한지 판에 새겨진 것 같다. 판에 새긴 것은 지울 수도 없고 없어지지도 않는다. 또한 그 말씀이 얼마나 선명하고 분명한지 달려가면서도 읽을 것 같다. "의인은 그의 믿음으로 말미암아 살리라!" 이것이 성루에 오르고 파수대에 오른 보초처럼 긴장하여 잠잠히 하나님을 기다리는 하박국이 받은 하나님의 응답이었다. 아하, 그렇구나! 공의의 하나님이 맞구나! 응답의 하나님이 맞구나. 내 시간이 아니라 하나님의 시간에, 내가 기대하는 방법이 아니라 하나님의 방법으로 하나님이 되시는구나! 하박국서에서 이 말씀은 결정적인 분수령이다. 이 말씀을 기준으로 하박국의 모습은 극단적 대조를 이룬다. 이 말씀 이후로 하박국은 완전히 다른 사람이 된다. 그것이 3장이다.

의인은 그의 믿음으로 말미암아 산다는 이 말씀은 이중적인 뜻을 담고 있다. 죄인은 믿음으로 의인이 된다는 말씀이다. 이것이 사도 바울의 해석이다. 그러나 이 말씀이 담고 있는 또 다른 의미가 있다. 믿음으로 의인이 된 사람은 현실이 어떻게 뒤바뀌어도 여전히 믿음의 길을 간다는 말씀이다. 우리는 이것을 히브리서 기자에게서 배운다. 이 말씀을 풀어서 말하면 이런 말이 된다. "의인은 그래도 제 길을 간다!" "세상이 뒤집어져도 신자는 여전히 제 길을 간다!" 항변하며 따져 묻는 하박국(1장)과 노래로 기도하며 즐거워하는 하박국(3장)의 대반전 사이에 이 응답이 있다. 하박국에게는 이 말씀이 결정적인 분수령이다. 그러므로 말씀은 갈대아(바벨론)가 얼마나 악한가를 밝히는 것과 그들의 최후가 어떻게 될 것인가, 그들이 행하는 악의 공통된 본질이 무엇인가를 밝히는 것으로 이어진다. 그들은 포악하고 잔인하고 매정하고 무엇이든지 자기가 하고 싶은 대로 행한다. 그들이 행하는 모든 악행의 본질은 언제나 똑같다. 지독한 자기중심주의, 곧 탐욕이다. 그러나 그들의 운명은 결정되어 있다. 하나님은 그들을 반드시 심판하신다. 끝까지 악인이 형통하지는 않는다. 그들은 지금 위세를 떨치고 있으나 사실은 패망을 향하여 달려가고 있다.

이와 같은 사실이 분명하게 선포하고 있는 것이 있다. 이러한 응답을 받으며 하박국이 분명하게 확인하는 사실이 있다. 두 가지이다. 첫째로 역사는 어떤 현실 속에서도 하나님의 뜻이 성취되는 곳을 향하여 하나님이 계획하신 대로 진행하고 있다는 확신이다. 그러므로 갈대아의 잔악함이 하늘을 찌르는 현실의 와중에서 하박국이 내리는 결론이 그것이다. "물이 바다를 덮음같이 여호와의 영광을 인정하는 것이 온 세상에 가득하리라!"(2:14). 역사는 현실이 이렇게 처참한 지금도 여전히 그곳을 향하여 진행하고 있다. 둘째는 역사는 지금도 하나님이 다스리신다는 확신이다. 때로는 갈대아가 혹은 어떤 독재자나 재력가가 이 현실 역사를 제 맘먹은 대로 주무르며 이끄는 것처럼 보일 때가 있다. 그러나 아니다. 지금도 역사는 하나님이 주인이시다. 그러므로 갈대아의 등등한 위세가 현실이 되는 현장에서 하박국이 내리는 다음 결론이 그것이다. "오직 여호와는 그 성전에 계시니 온 천하는 그 앞에서 잠잠할지어다!"(2:20).

그것은 결국 역사관의 문제요, 세계관의 문제이다. 여기가 바로 하박국이 하나님을 새롭게 만나고 있는 지점이다. 역사관과 세계관이 뒤집어지고 있는 지점이다. 현실 역사는 이렇게 하나님의 뜻과 관계없이 불의한 모습으로 가다가, 언젠가 불현듯 하나님의 공의가 단번에 실현되는 사건이 끼어 들어오는 것이 아니다. 지금도 역사는 하나님이 정하신 곳을 향하여 가는 중이다. 역사는 지금은 저 불의한 자들이 주인행세 하지만 언젠가 때가 되면 불현듯 하나님이 등장하여 정권을 인수하시는 것이 아니다. 지금도 하나님이 이 역사를 다스리시는 주인이시다. 우리는 그 역사의 한 토막을 지나가고 있다. 배 전체가 동쪽으로 가고 있는데 갑판에 올라가서 서쪽으로 뛴다고 서쪽으로 가는 것인가? 모두 동쪽으로 가고 있다. 그분은 지금도 계시고, 이전에도 계셨으며, 장차 오실 분이시다. 오늘날 교회 밖 세상이건 교회 안 세상이건, 신자이건 불신자이건 정신 차리고 들어야 할 말씀이 바로 이것이다. 역사는 지금 이 순간에도 하나님이 정하신 곳을 향하여 간다. 역사는 하나님이 없는 것 같은 지금 이 순간에도 하나님이 다스리신다. 신자와 불신자의 차이는 이 두 사실을 보는가 보지 못하는가의 차이이다. 이 사실을 확실하게 아는 사람은 현실 세상이 불의하게 잘못 돌아가고 있어도 휘둘리지 않는다. 세상이 어떻게 뒤집어져도 변절하지도, 도망가지도 않는다. 그저 자기의 길을 갈 뿐이다. 여전히 제 길을 간다. 그 길은 믿음으로 살아가는 길이다. 세상이 뒤집어져도 여전히 믿음으로 오늘의 현실을 살아가는 길이다. 하박국이 마침내 도달한 곳이 바로 여기다.

그는 어떻게 이 지점에까지 오게 된 것인가? 그는 신앙이 통하지 않고 신학이 먹히지 않는 답답하고 고통스러운 현실에서 하나님을 새롭게 만났다. 현실이 이런데 뭐 하시는 거냐고, 세상이 이렇게 악인들 세상으로 뒤집어지고 있는데 언제까지 이러실 거냐고 따져 묻던 그 현실이 하나님을 새롭게 만나는 바로 그 지점이다. 이미 서문에서 주장한 대로, 우리가 신학을 하고 신앙생활을 한다는 것은 그렇게 확실하고 명료한 우리의 신학과 그것이 통하지 않는 현실 중간에 서는 것이다. 그 중간에 서서 고뇌하고 방황하며 현장을 뚫는 신학의 답 한 가닥씩을 찾아가는 과정이다. 하박국 사건은 바로 그 이야기다. 세상이 이런데 어떻게 하실 거냐고 묻는 하박국에게 결국 하나님은 이렇게 되물으신 셈이었다. 세상이 이런데 너는 어떤 길을 갈 거냐고, 악인들로 세상이 뒤집어지고 있을 때 너는 어떤 길을 갈 거냐고. 하나님이 스스로 주신 답은 그것이었다. 의인은 그래도 제 길을 간다! 세상이 뒤집어져도 신자는 믿음의 길을 간다! 그에게는 이제 세상이 어떻게 뒤집어져도, 어떻게 이해할 수 없는 방식으로 진행되어도 여전히 제 길을 가는 근거가 분명하다. 바로 이어지는 3장은 이렇게 그의 길을 가는 하박국의 실제 모습이다.

3장 – 환난 가운데서 부르는 노래

하박국 1장의 첫 장면에서 보는 하박국과 3장의 마지막 장면에서 보는 하박국에게서 우리는 대반전을 목도한다. 그가 노래를 부르며 즐거운 모습으로 기도한다. 노래로 드리는 그 기도의 내용이 기가 막힌다. "하나님의 뜻을 이루십시오. 속히 이루십시오. 진노 가운데서라도 긍휼을 잊지 말아 주십시오." 이것이 그의 기도이다.

이전의 그의 기도(항변)에는 온통 "나, 나, 나"가 판을 치고 있었다. 그러나 이제 그의 기도는 바뀌어있다. "여호와여, 주는, 주의 일을…" 온통 하나님이 중심을 이루고 있다. 내가 옳다고 믿는 바를 행하시라는 요구에서, 주의 뜻을 이루시라는 간구로 바뀌고 있다. 그는 항변이 아니라 노래로 간구하고 있다.

이어서 그는 하나님이 오시는 모습을 본다. 하나님이 오실 때의 모습을 보니 앞의 1장에서 그리고 2장에서 보았던 천하무적의 강대한 갈대아의 모습은 오히려 초라할 뿐이다. 갈대아와 하나님은 오는 모습도 대조적이지만 오는 목적도 대조적이다. 하나님이 오시는 모습이 얼마나 놀라운가를 주목해보아야 한다. 그리고 하나님이 오시는 목적이 무엇인가를 확인해야 한다. 그는 자기의 백성을 살리려고 오신다. 주의 백성을 구원하시려고, 기름 부음 받은 자를 구원하시려고 오신다. 그것은 한편으로는 악인의 집의 머리를 치시고 멸하시는 것이다. 선지자는 하나님의 모습을 새롭게 보고 있다.

뿐만 아니다. 하박국은 마치 소리치듯 선언하며 노래한다. 나는 여전히 즐거워하고 기뻐할 이유가 있다! 나는 여전히 부를 노래가 있다!(18절). 그의 생각과 모습이 판이하게 달라져있다. 현실이 호전된 것도 아니다. 그렇게 고뇌하고 고통스러워하던 현실의 문제가 해결된 것도 아니다. 모든 것이 그대로다. 갈대아를 일으켜서 유다를 짓밟게 하시겠다는 하나님의 뜻에는 변함이 없다. 그 악명 높은 갈대아 사람들이 쳐들어와 온 나라를 쑥대밭으로 만들어버리는 그 현장에서 하루하루의 삶을 살아내야 한다는 사실은 요지부동이다. 그는 무화과나무가 무성하지 못하며, 포도나무에 열매가 없고, 감람나무에 소출이 없고, 밭에 먹을 것이 없고, 우리에 양이 없고, 외양간에 소가 없는 현실을 살아야만 한다. 없고, 없고, 없고, 없고, 없는 것이 자기가 살아야 할 현실로 닥쳐오고 있다는 것을 잘 알고 있다. 그가 없다고 말하는 이것들은 있으면 좋고 없다 하여도 사는 데 큰 지장은 없는 편의품들이 아니다. 액세서리들도 아니다. 없으면 생존을 유지할 수 없는 생필품들이다. 천재지변이 일어나서가 아니다. 악하고 불의한 자들의 만행으로 빚어질 현실이다. 사실 이러한 현실을 살아야 한다는 것을 생각하면 자연인 하박국으로서는 견딜 수 없는 두려움과 고통에 빠져들 수밖에 없다. 그래서 그는 고백한다. "창자가 흔들리고, 입술이 떨리고, 뼈가 썩는 것 같고, 몸이 떨립니다!"(16절). 그런데 그런 현실 가운데서 그는 노래한다. 아무리 세상이 뒤집어져도 나에게는 여전히 즐거워할 이유가 있다! 내게는 여전히 부를 노래가 있다! 자연인 하박국에서 신앙인 하박국으로 그는 대반전을 이루어내고 있다. 그것이 하박국 3장이다.

그러므로 3장에서 일어나는 하박국의 대반전은 그가 처한 현실을 뒤집는 반전이나 외적 상황을 바꾸는 반전이 아니다. 하박국 자신의 반전이다. 하박국 자신이 바뀐 것이다. 선지자는 그날을 내다보며 묵묵히 기다리고 있다(16절). 대환난의 날, 생존을 위협할 난리가 자신이 살아가는 삶을 향하여 닥쳐오고 있는 것을 빤히 보면서도 선지자는 정신을 가다듬고 자신의 처신을 준비하고 있다. "내가 환난 날을 기다리므로(Yet I will wait patiently)." 도피도 아니고, 혼비백산도 아니고, 더 이상 어찌하여 이러십니까, 언제까지 이러실 것입니까 하는 항변도 아니다. 그런 상황만은 면하게 해달라는 간구도 아니다. 그런 상황이 오면 땅에 추락할 하나님의 영광을 조건으로 펼치는 흥정이나 협박도 아니다. 그러므로 하박국의 이 노래는 단순한 노래가 아니다. 비장한 각오가 서려 있는 신앙의 노래이다. 나의 현실적 상황이 그렇다 하여도 나는 여전히 부를 노래가 있고, 여전히 기뻐할 이유가 있다는 신앙인 하박국의 선언인 셈이다. 멋쟁이! 오늘날 우리가 보고 싶은 신앙인이라 불리는 사람들, 오늘날 우리가 꼭, 그리고 시급히 되고 싶은 사람이 바로 이런 멋쟁이들이다. 세상이 감당치 못할 사람이란 바로 이런 사람이다.

하박국의 이러한 혁명적인 대반전은 어디에서 온 것인가? 성루와 파수대에 올라서 받은 응답을 통하여 하나님을 새롭게 만난 것이 일차적인 근거이다. 그 핵심은 역사의 진행과 역사의 주인에 대한 확고부동한 인식이다. 그의 이 모습이 바로 세상이 뒤집어져도 의인은 제 길을 가는 구체적인 모습이다. 하박국은 지금 "의인은 믿음으로 말미암아 살아가는" 그 삶을 살고 있다. 그런데 여기서 하박국은 한 걸음 더 나아간다. 그는 그러한 상황에서도 즐거워하며 노래를 부를 수 있는 근거를 댄다. "그러나 여호와로 말미암아 즐거워하며, 나의 구원의 하나님으로 말미암아 기뻐하리라!" "주 여호와는 나의 힘이시고, 주 여호와께서 나의 발을 사슴과 같게 하시고, 나를 나의 높은 곳으로 다니게 하신다"는 사실이다(19절). 하박국은 이 사실을 믿고 있다.

닥쳐오는 환난의 현실을 놓고 하박국이 거듭 확신에 차서 확인하는 사실은 하나님과 자기 자신과의 관계에 관한 확인이다. 나와 하나님과의 관계에 있어서 하나님은 어떤 분이신가, 그분이 나를 어떻게 하실 것인가를 확인한다. 2장에서 역사는 어디를 향하여 진행하는가, 역사의 주인은 누구인가에 대한 확인을 근거로 세상이 어떻게 뒤집어져도 의인은 여전히 제 갈 길을 간다는 것을 확인한 선지자였다. 그는 이제 그러한 역사관 혹은 세계관으로부터 하나님과 자기 자신과의 관계에 관한 확인으로 나아간다. 하나님과의 관계성에서 확인되는 자신의 정체성을 확인한다. 그 사실을 근거로 이 현실에서 자기가 취할 태도와 반응이 무엇인가를 확인하는 것이다. 그는 하나님을 가리켜 "주 여호와"라고 부른다. 하나님은 나의 주인이시고, 그분이 나의 힘이시고, 그분이 나의 발을 사슴과 같게 하시고, 그분이 나를 나의 높은 곳으로 다니게 하신다고 믿는다. 신자의 모든 능력과 용기는 여기로부터 시작한다. 우리가 살고 있는 이 역사와 하나님과의 관계에 대한 확신, 그리고 나와 하나님과의 관계에 대한 확신! 이것이 바로 하나님을 새롭게 만나는 구체적인 내용이다.

신앙인으로서 우리의 진정한 용기와 즐거움과 평안의 근거는 어디에 있는가? 어떤 상황에서도 신자로서 흔들림 없이 한 길을 가는 근거는 어디에 있는가? 그것들은 어디에서 오는가? 밖으로부터 오는가? 아니면 내면으로부터 오는가? 현실과 나와의 관계로부터 오는가? 아니면 하나님과 나와의 관계로부터 오는가? 우리가 살아가는 데 있어서 내가 처한 현실 상황보다도 더 중요한 것은 무엇인가? 나는 여전히 즐거워할 이유가 있고, 여전히 부를 노래가 있다고 외칠 수 있는 힘은 어디에서 오는 것인가? 하박국은 그것에 답을 하고 있다.

한국교회가 들어야 할 성루에서 선포되는 말

성루에서 말씀이 선포된다. 파수대에서 말씀이 울려 퍼진다. "의인은 그의 믿음으로 말미암아 살리라!" 이 말씀을 풀어서 말하면 이런 말이 된다. "의인은 그래도 제 길을 간다!" "신자는 세상이 뒤집어져도 여전히 제 길을 간다!" 그 말씀이 얼마나 확고부동한지 판에 새겨진 것 같다. 그 말씀이 얼마나 선명하고 분명한지 달려가면서도 읽을 것 같다. 하박국의 말씀을 가만히 떠올리고 있노라면 마음이 다 통쾌하고 흥분이 된다. 그렇게 참담한 현실인데도, 그렇게 노래하는 하박국의 그 심정이 벅차오르는 가슴과 함께 실감이 난다. 우리의 현실이 어떻게 뒤틀리고, 세상이 어떻게 뒤집어져도 우리는 여전히 갈 길이 있다. 믿음의 길이다. 믿는 자라면 가야 할 길을 여전히 간다. 뚜벅뚜벅, 그러다가 넘어지면 다시 일어나서, 그러다가 불의한 세력에게 다치면 다시 런닝셔츠라도 찢어서 상처를 싸매면서 일어나 제 길을 간다. 배짱이 좋아서가 아니다. 간이 부어서도 아니다. 세상 물정을 모르고 무모하게 덤벼서도 아니다. 이판사판 까짓것 죽으면 죽지, 악심을 품어서도 아니다. 그럴 수밖에 없으니 팔자소관인 줄 알고 사는 운명론자들이어서도 아니다. 분명히 아는 것이 있고, 분명히 믿는 바가 있어서이다. 이 역사가, 이 세계가 어디로 진행하고 있으며, 누가 다스리고 있는가를 너무나 분명히 알기 때문이다. 두려움으로 심장이 흔들리고 공포로 다리가 후들거리는 현실에서도 하나님은 나에게 어떤 분이며 하나님은 마침내 나를 어떻게 하실 것인가에 대한 의심할 바 없는 확신 때문이다. 예수님이 뚜벅뚜벅 향하여 간 십자가의 길이 바로 그런 길이다. 믿음으로 의인이 된 신자는 여전히 믿음의 길을 간다. 의인은 믿음으로 하루하루, 죽을 때까지 살아간다. 히브리서 기자가 믿음의 조상들을 열거하면서 "이 사람들은 다 믿음을 따라 죽었다"고 단언한 것은 바로 이런 뜻이다(히 11:13). 믿음을 지키기 위하여 순교했다는 말이 아니다. 죽을 때까지 자기들의 현실을 믿음으로 살다가 때가 되어 죽었다는 말이다. 그렇게 그 길을 가다가 가던 길 어느 길목에서 우리 주님을 얼굴과 얼굴로 뵙게 되면 그것이 우리의 명예요 영광이다. 우리가 이루어놓은 업적이나 성취가 명예인 것도 영광인 것도 아니다. 조롱받는 한국교회 교인들이 다시 신앙인으로 회복되고, 능욕당하는 한국의 교회들이 다시 교회로 되살아나는 길이 여기에 있다.

한국교회는 급격한 쇠퇴기와 코로나바이러스 사태를 겪으면서 이제 말씀의 시대가 열리고 있다. 코로나 사태가 교회에 주는 강력한 메시지 가운데 하나는 이제 이것저것 말고 말씀으로 돌아가라는 것이다. 그리하여 하나님을 새롭게 만나라는 요구이다. 그동안 말씀 선포 없이도 교회는 부흥만 잘되고, 말씀 없이 살아도 교인들은 잘만 살아지는 긴 세월을 한국교회는 살아왔다. 온 세상을 향하여 한국교회의 복 받는 모습을 보라고 너무 까불며 살아왔다. 그러나 그 세월 지내놓고 몰락의 길목에 들어서서 이제야 돌아보니 그것은 복이 아니었다. 재앙이었다. 말씀 이탈은 교회 안에 하나님의 침묵을 초래한다. 하나님의 침묵은 필연적으로 교회와 신자들의 삶에서 하나님 부재 현상을 초래한다. 하나님 없이 살게 되는 것이다. 사실, 지금 이 나라 교회가 겪고 있는 혹독한 현실은 그래서 생긴 결과이다. 지금 우리는 그 혹독한 대가를 치르고 있다. 이제라도 우리는 하나님의 말씀으로 돌아가야 한다. 거기에 돌파구가 있다. 이런 점에서 많은 이들이 절대 절망이라고 말하는 이 시점은 정신을 차리고 본다면 사실은 절대 소망의 기회이다. 절호의 기회이기도 하다. 목사가 목사다워지고, 신자가 신자다워지고, 그리하여 교회가 교회다워질 절호의 기회이다. 하나님은 이 기회 놓치지말라고 한국교회를 벼랑 끝으로 내몰고 계시는 것인지도 모른다. 신자는 세상이 뒤집어져도 제 길을 간다.

역사는
지금 이 순간에도
하나님이 정하신 곳을 향하여 간다.
역사는 하나님이 없는 것 같은
지금 이 순간에도 하나님이 다스리신다.
신자와 불신자의 차이는 이 두 사실을
보는가 보지 못하는가의 차이이다.
이 사실을 확실하게 아는 사람은
현실 세상이 불의하게
잘못 돌아가고 있어도
휘둘리지 않는다.

신앙이
통하지 않는 현실

하박국 1장

하박
국

왜 안 보시고,
왜 안 들으십니까?

I

하박국 1:1-4

1 선지자 하박국이 계시로 받은 경고라 2 여호와여 내가 부르짖어도 주께서 듣지 아니하시니 어느 때까지리이까 내가 강포로 말미암아 외쳐도 주께서 구원하지 아니하시나이다 3 어찌하여 내게 죄악을 보게 하시며 패역을 눈으로 보게 하시나이까 겁탈과 강포가 내 앞에 있고 변론과 분쟁이 일어났나이다 4 이러므로 율법이 해이하고 정의가 전혀 시행되지 못하오니 이는 악인이 의인을 에워쌌으므로 정의가 굽게 행하여짐이니이다

01

선지자의 항변

– 속이 터져 하나님께 묻습니다

선지자 하박국

하박국이 누구인지, 어떤 사람인지 궁금하다. 그러나 이 사람의 인적 사항을 알 길은 없다. 성경이 말하고 있지 않기 때문이다. 그냥 선지자 하박국이라고만 한다. 당시 사람들이 이름만 대도 누구인지 잘 알 만큼 하박국이 유명한 인물이어서 굳이 인적 사항을 열거하며 새삼스럽게 소개할 필요가 없었을 수도 있다. 본문이 말하고자 하는 핵심 주제가 하박국이라는 인물이 누구인가를 아는 것과는 별 상관이 없어서일 수도 있다. 이 책은 "선지자 하박국이 묵시로 받은 경고라"는 말로 시작한다. 하박국이 아니라 그에게 주어진 메시지에 더 큰 방점을 두고 있다. 그러나 하박국서 본문만 가지고 분명히 알 수 있는 것이 있다. 하박국은 무엇을 고민하였으며, 어떻게 반응하였으며, 어떻게 결론에 이르렀는가이다. 이 모든 것이 하나님과 관련을 맺고 이루어진다. 그는 하나님과 묻고 답하며 결국은 하나님 편에 선다. 하박국서의 초점은 결국 하나님에게 맞추어져 있다. 하박국서는 선지자 개인의 전기에 관심이 있지 않다. 그를 통하여 확인하게 되는 하나님을 드러내려는데 관심이 있다. 그것을 통하여 오늘 우리를 하나님과 잇대려 한다. 하박국의 하나님은 곧 우리의 하나님이다. 우리의 하나님은 곧 나의 하나님이다.

항변하는 선지자(1:2-4)

하박국서는 매우 독특한 방식으로 말문을 연다. 구약의 모든 선지서들은 하나님이 먼저 말을 걸어오시고 그에 대하여 선지자가 취하는 반응으로 시작한다. "여호와께서 말씀하시기를…" "여호와의 말씀이 예레미야에게 임하였고…"(렘 1:2), "여호와의 말씀이 내게 임하니라" "하나님의 모습이 내게 보이니"(겔 1:1), "여호와의 말씀이 부시의 아들 제사장 나 에스겔에게 특별히 임하고"(겔 1:2), "여호와께서 처음 호세아에게 말씀하실 때"(호 1:2). 그러나 하박국서는 하나님의 말씀이 선지자에게 임하거나, 여호와의 영이 선지자에게 임하여 환상을 보거나, 여호와께서 말씀을 주시는 것으로 시작하지 않는다. 선지자가 먼저 하나님께 말을 건다. 말하는 방식도 특이하다. 자기의 말을 일방적으로 쏟아 퍼붓는다. 그것만이 아니다. 말의 내용도 다른 선지서들과는 판이하게 다르다. 하나님께서 주신 말씀을 선포하는 내용이 아니다. "주여, 종이 여기 있나이다. 말씀하옵소서."라거나 혹은 "종이 엎드려 주를 찬양합니다." 식의 말도 아니다. "언제까지 이러실 것입니까?" "왜 이러시는 것입니까?" "어찌하여 내게 이러시는 것입니까?" "내가 이미 큰 소리로 알려드렸잖아요!" 하나님께 직설적인 말들로 따지며 항변을 토해 내는 말로 시작한다. 그것도 혼자서 골방에서 투덜거리는 불평이 아니다. 정면으로 하나님을 향하여 쏟아내는 불평이다. 따지고 대드는 항변이다. 선지자는 대단히 화가 나 있다. 불만에 차 있다. 그래서 하나님께 덤비고 있다. 그런데 그는 선지자다. 이것이 하박국서의 첫 장면이다. 이렇게 시작한 하박국서는 내내 하박국과 하나님 사이에 오가는 항변과 대답 그리고 하박국의 고백 등으로 이루어져 있다. 선지자는 하나님께 말씀을 받아서, 하나님의 편에 서서, 하나님의 백성에게 대언하는 자이다. 그러나 하박국은 판이하게 다른 모습으로 시작한다. 선지자가 먼저 말을 걸어서 시작한다. 1장 내내 백성을 향한 대언은 없고 하나님을 향하여 따져 묻는 질책성 질문만 있다. 하박국은 자기의 현실에서 일어나는 문제를 놓고 하나님께 질문을 퍼부어댄다. 그는 이름 뜻 그대로 씨름하는 자이다. 그 씨름은 하나님을 상대로 한다. 어쩌면 우리 신앙인들은 사실 씨름하는 자들이다. 하나님의 씨름 상대가 되도록 특권을 받은 사람들이다. 하나님의 씨름 상대로 인정받았다는 것이 보통 은혜인가?

따져 묻는 내용

선지자 하박국이 이렇게 하나님께 항변하며 따져 묻는 내용은 분명하다. 첫째는 자기가 처해 있는 현실에 대한 하나님의 무관심이고, 둘째는 자기의 간구에 대한 하나님의 무응답이다. 그리고 셋째는 드디어 임한 응답마저도 말이 안 되는 엉뚱한 것이라는 점이다. 이 모든 것들을 한마디로 요약하면 선지자가 믿고 있는 신앙, 그리고 그가 하나님에 대하여 확신하고 있는 신학이 삶의 현장에서 전혀 통하지 않고 있다는 사실이다. 신학과 신앙이 삶의 현장에서 먹히지 않고 오히려 반대로 가고 있는 것이다. 이것을 놓고 선지자는 하나님께 항변한다. 응답이 임한 후에는 그 응답이 선지자 자신의 기대와 딴판이라는 점 때문에 더 격렬하게 항의하며 대든다. 이러고도 하나님인 것이 맞습니까? 하고 대든다. 선지자가 하나님께 따지고 대드는 이러한 모습은 매우 충격적이다. 그 모습을 보는 우리를 당혹스럽게 한다. 황당하다. 사실 사람이 하나님께 대드는 모습을 보는 것 자체는 전혀 충격적이지 않다. 수도 없이 보아 온 일이다. 1장 뒷부분에 이어지는 말씀에 의하면 갈대아 사람들은 하나님께 대드는 정도가 아니라, 아예 자기들이 하나님인 것처럼 군림한다고 하지 않는가! 하박국의 이 첫 마디, 첫 장면이 당혹스럽고 충격적인 이유는 그가 선지자라는 사실 때문이다.

이런 눈으로 하박국서 첫 장면을 대하면 묘한 이중적 기분에 젖게 된다. 한편으로는 하나님께 이렇게 대들고 항의하고 따져 물으며 하나님을 몰아붙이고 있는 이 겁 없는 선지자의 불신앙적 모습에 대한 거부감과 두려움이다. 다른 한편으로는 은근히 속이 후련해지기도 하는 대리만족 같은 것이다. 겉으로는 이런 하박국의 태도에 대한 부정적 태도를 취함으로써 나의 경건을 치장한다. 그러나 속으로는 나도 한 번쯤 이렇게 하나님께 따져 묻고 싶은 심정을 대신 풀어주는 통쾌함 같은 것이다. 바로 우리의 심정이 지금 하박국의 심정인 경험을 자주 하면서 살기 때문이다. 신앙생활을 하다 보면 때로는 하나님이 매우 서운하다. 서운함이 쌓이고 깊어지면 하나님이 오히려 상처가 된다. 상처가 깊어지고 응어리지면 하나님이 나의 분노가 된다. 속에서는 하나님에 대한 분노가 솟아오르는데, 경건한 체하느라, 신앙적인 모습을 가장하느라 차마 겉으로 드러내지 못한 체 속앓이만 했었는데 선지자는 속이 후련하게 쏟아내고 있다. 우리로서는 은밀히 맛보는 대리만족이 있다. 하박국 자신은 괴롭고 답답할지 모르지만, 이해가 안 되는 현실 문제를 하나님에게 따져 묻는 그의 모습을 보며 우리는 참으로 통쾌하다. 다만 강단의 설교자들만 하박국의 모습에 얼굴이 굳어지며 강단 아래의 신자들을 향하여 이렇게 해서는 안 된다는 경계를 하느라 바쁠 뿐이다. 본문이 자연스럽게 유발하는 이러한 이중적 기분은 하박국의 모습을 어떻게 이해할 것인가라는 문제를 자연스럽게 던진다. 그러므로 하나님께 따져 묻는 선지자의 이 문제는 우리가 본문에서 다룰 중요한 주제 가운데 하나다.

선지자의 항변은 불신앙의 태도인가?

어떤 설교자들은 하나님께 항변하는 하박국의 모습을 부각하면서 "우리가 하나님께 이렇게 항변하며 대들 수 있는가? 그렇게 해도 괜찮은 것인가?"를 고민의 주제로 붙잡는다. 하박국의 태도 자체에 부정적 초점을 맞추어 설교하기도 한다. 많은 교인에게 있어서는 이러한 모습 자체가 바로 비난받아 마땅한 불경건한 자의 전형적인 불신앙적 행위로 받아들여진다. 하박국처럼 할 것인가, 하박국처럼 하지 말아야 할 것인가의 갈림길에 사람들을 세운다. 12절 이하에서 다시 시작되는 선지자의 두 번째 항변을 덧붙여서 자신이 이해할 수 없는 현실이나 하나님의 처사를 항변하는 선지자의 모습을 부각하게 되면, 선지자라고 하는 사람이 하나님께 이렇게 따지며 대드는 것이 옳은 일인가 하는 의문을 제기하도록 청중을

끌어들이는 것이 더욱 쉬워진다. 많은 사람이 이해할 수 없는 일이 일어나고, 하나님의 처사에 불만이 있거나 혹은 궁금한 것이 있어도 아무 일 없는 것처럼, 다 이해되는 것처럼 입을 다물고 가만히 있는 것이 신앙적인 모습이라고 생각하고 있지 않은가! 신앙은 한 번도 하나님께 항의나 의문에 찬 질문을 던지지 않고 아무 일 없는 것처럼, 다 이해되는 것처럼 꾸미는 것이 아니다. 많은 의심과 회의와 방황 등을 쏟아놓으면서도 결국은 하나님 앞에서 바른 결론에 이르고야 마는 것이 신앙이다. 선지자가 하나님께 항변하고 있다는 점을 불경건이요 죄라고 부각하여 우리는 아무리 이해하기 힘든 현실이 닥쳐도 이처럼 하지 말아야 한다고 강조하는 것은 바람직하지 않다. 선자자의 항변을 그렇게 볼 수 없다는 것은 최소한 다음과 같은 두 가지 점에서도 확실하다. 첫째, 선지자가 지금 쏟아내고 있는 항변의 핵심 내용이 무엇인가를 보아도 분명하다. 선지자는 지금 하나님의 의와 율법이 제대로 세워지지 않고 있는 현실을 괴로워한다. 하박국 당시의 여호야김 왕은 하나님의 말씀을 기록한 두루마리를 불살라버릴 만큼 불신앙적이고 반역적이다. 그런데 신앙의 부흥을 이루어낼 경건한 지도자로 기대를 받는 하나님 말씀 중심의 성군 요시야 왕은 전쟁에서 갑자기 죽어버렸다. 하박국과 동시대의 예레미야에서 보듯이 거짓 선지자들이 판을 치고 거짓 평화를 외치며 종교적 사기극이 극에 달하고 있다. 현실의 삶에서는 악한 자들이 거침없이 판을 치며 위세를 떨치고 있다. 그리하여 하나님이 하나님이시라는 사실이 형편없이 무시되고 있고 하나님의 말씀이 아무것도 아닌 것처럼 무시당하고 있다. 하나님의 존재나 공의는 현실 어느 구석에서도 드러나지 않고 있다. 하박국은 이러한 현실에 대하여 하나님께 문제를 제기한다. 둘째는 선지자가 하나님께 항변하며 씨름하고 있다는 사실 자체가 선지자가 진정으로 불경건하거나 불신앙적인 사람이 아니라는 확실한 증거이다. 만일 선지자가 정말 불경건하고 불신앙적인 사람이었다면 그는 이렇게 하지 않았을 것이다. 욥의 아내처럼 속이 후련해지도록 실컷 할 말 퍼붓고 떠나버렸을 것이다. 혹시, 욥을 들이대며 아무리 어려운 상황에 처해도 욥처럼 하나님께 항변하지 않고 겸손히 받아들여야 한다면서 하박국의 태도를 비난하고 싶다면 자신의 속마음을 심각하게 점검해 볼 필요가 있다. 물론 욥은 그의 모든 것을 잃고 난 직후에도 신앙인의 놀라운 면모를 보여준다. "욥이 일어나 겉옷을 찢고 머리털을 밀고 땅에 엎드려 예배하며 이르되 내가 모태에서 알몸으로 나왔사온즉 또한 알몸이 그리로 돌아가올지라 주신 이도 여호와시요 거두신 이도 여호와시오니 여호와의 이름이 찬송을 받으실지니이다 하고 이 모든 일에 욥이 범죄하지 아니하고 하나님을 향하여 원망하지 아니하니라"(욥 1:20-22). 하나님이 사단에게도 자신 있게 자랑할 만한 면모를 갖춘 사람이라고 여겨지는 대목이다. 그러나 한 장을 넘어 3장에 가면, "그 후에 욥이 입을 열어 자기의 생일을 저주하니라"라는 말로 시작되는 길고

긴 욥의 탄식이 쏟아져 나온다. 욥이 변절하거나 신앙이 떨어져서 생긴 변동사항이 아니다. 욥의 중심은 그때나 이제나 변함이 없다. 그래서 그는 자기의 아내를 잃을망정 그 자리를 떠나지 않는다. 그 것은 현실을 이해할 수 없는 신자의 신음소리이다. 욥은 저주하고 있는 것이 아니라, 신음한다. 그리고 하나님의 세계를 이해할 수 없는 인간의 한계를 탄식한다. 그는 그 신음을 하나님 앞에서 한 다. 이런 점에서 박영선 목사의 욥에 대한 이해는 탁월하다. 그는 욥의 모습을 "필사적인 불평에서 보이는 경건"이라는 한마디로 요 약해낸다. 욥이 세 친구의 정죄 가운데서 지속적으로 보이는 반응 과 그의 하나님을 향한 태도를 놓고 이렇게 요약한 것이다. 자기의 현실에 대한 욥의 지속적인 탄식과 불만에 대한 친구들의 결론은 욥이 아직도 정신을 못 차리고 불경건하고 교만하고 회개하지 않 는 자라는 것이다. 그러나 실제로 욥의 마음, 욥의 철학, 그리고 욥의 모습의 본질은 "내가 당하는 현실이 내가 알고 있는 신앙이나 신학으로는 답이 되지 않는 일이지만, 하나님은 왜 이런 일이 일어 나는 것인지에 대한 답을 갖고 계실 것이라는 확신, 만약 내가 이 유를 알지 못하며 당하는 이런 현실에 대하여 하나님도 답이 없다 면 그것은 이미 하나님이 아니라는 확신, 곧 하나님은 답을 알고 있을 것이므로 그 하나님을 만나야 되겠다는 것"이 욥의 불평의 본 질이자 핵심이다. 이것이 바로 다름 아닌 경건이다. 친구들은 상식 과 원리에 의하여 사안을 결론 내리고 있다. 그러니 하나님께 물어

볼 필요도 가볼 필요도 없이 답은 확실하다고 주장한다. 그러면서 그것을 받아들이지 않고 계속 따져 묻고 불평하고 하나님을 원망하는 욥은 불경건한 것이고 불신앙적인 것이며 교만한 것이라고 몰아붙인다. 욥은 하나님이 사단 앞에서 자기의 명예를 욥의 행동에 거는 대모험을 할 만큼 신뢰하는 사람이었고, 진정한 하나님을 그에게는 보여주고 나타내고 알려주고 싶은 사람이었다.

하박국의 이런 모습을 불경건과 불신앙의 증거로 볼 것인가, 자신의 현실에 대하여 이렇게 아파하고 있고 힘들어하고 있고, 이렇게라도 하나님과 대면하고 싶은 신음으로 들을 것인가?

영적인 차원이라는 명분으로
신앙과 현실의 삶을 분리시키고,
학문이라는 이름으로
신학을 현실의 삶과 고립시키는 일은
이제 그만 두어야 한다.

하박국 1:2-4

² 여호와여 내가 부르짖어도 주께서 듣지 아니하시니 어느 때까지리이까 내가 강포로 말미암아 외쳐도 주께서 구원하지 아니하시나이다 ³ 어찌하여 내게 죄악을 보게 하시며 패역을 눈으로 보게 하시나이까 겁탈과 강포가 내 앞에 있고 변론과 분쟁이 일어났나이다 ⁴ 이러므로 율법이 해이하고 정의가 전혀 시행되지 못하오니 이는 악인이 의인을 에워쌌으므로 정의가 굽게 행하여짐이니이다

신앙이 통하지 않는 현실

– 믿음과 현실 사이에서 괴롭습니다

선지자는 왜 이렇게 하나님께 따져 물으며 항변하는 것인가? 무엇
이 문제인가? 그가 쏟아놓는 말을 보면 알 수 있다. 그가 직면하는
문제의 핵심은 자신의 신학과 신앙이 삶의 현장에서 통하지 않는
다는 것이다. 하나님은 공의의 하나님이라는 신학이 작동하지 않
는다. 악인들이 역사의 주도권을 잡고 설친다. 하나님은 우리의 기
도를 응답하신다는 신앙이 먹혀들지 않는다. 외치고 부르짖지만
어디에도 하나님의 응답은 없다. 하박국은 두 가지 문제로 하나님

께 대들고 있다. 자기가 살고 있는 현실에 대한 하나님의 무관심과 자기의 간구에 대한 하나님의 무응답이 그것이다. 그것이 하박국 1:2–4절에서 쏟아놓는 선지자의 호소요 항변이다.

> 보이느니 약탈과 억압뿐이요, 터지느니 시비와 말다툼뿐입니다. 법은 땅에 떨어지고 정의는 끝내 무너졌습니다. 못된 자들이 착한 사람을 등쳐먹는 세상, 정의가 짓밟히는 세상이 되었습니다(1:3-4, 공동번역).

> 오 여호와여, 제가 언제까지 부르짖어야 합니까? 주께서 듣지 않으시는데. "폭력입니다"라고 제가 주께 외쳐도 주께서는 구해 주지 않으십니다(1:2, 우리말 성경).

불의한 현실에 대한 하나님의 무관심

그의 분노는 먼저 그가 처한 현실로부터 기인한다. 그는 유다에서 불의와 부정과 간악과 패역과 겁탈과 강포가 횡행하고 그로 말미암은 투쟁과 혼란이 판을 치는 현실(2-4절)을 경험하고 있다. 악인이 의인을 에워싸서 율법은 무너져 내려 효력을 발하지 못하고 있다. 공의는 모습을 찾을 수 없고 오히려 왜곡되고 있다(4절). 공의가 무시되고 율법이 하찮게 여겨지고 있다. 선지자는 삶의 현장에서 갖가지 부패와 불의를 경험하고 있다. 현실이 그러한데도 하나님은 이러한 현실을 종식시키고 역사를 바로잡으려는 어떠한 조치도 하시지 않는다. 하나님이 지금 이 역사를 통치하고 계신다는 증거를 어디에서도 찾을 수 없다. 공의의 하나님이 살아계시며 이 역사에 관여하고 계신다고 말할 만한 아무런 현상도 나타나지 않고 있다. 삶의 현장이 하나님의 하나님 되심을 배반하고 있다. 역사의 현장이 하나님이 이 역사를 알고 계시며 이 불의한 역사에 관여하고 계신다는 것을 철저하게 무시하고 있다. 이것은 곧 하나님의 존재에 대한 부인이나 다름없다.

그런데도 선지자는 사실은 그렇지 않다는 것을 역설할 수 없다. 어느 곳에서도 여전히 하나님이 계시며 그가 다스리신다는 증거를 댈 수가 없다. 선지자는 하나님 부재의 현실을 경험하고 있다. 그런데도 하나님은 그냥 잠잠히 계신다. 하나님이 속수무책이신 것처럼 여겨진다. 하나님이 현실에 대한 주도권을 휘두르는 악한 세력에 대하여 무기력하신 것 같다는 생각이 들기도 한다. 하나님의 부재로밖에 여겨지지 않는 상황이 펼쳐지고 있다. 여호야김 왕은 하나님의 말씀이 기록된 두루마리를 갈기갈기 찢어서 불살라버리는데도 건재하다. 요시야 왕은 신앙의 부흥을 일으킬 성군으로 추앙을 받고 있는데도 전쟁에 나가서 전사하여 죽어버린다. 거짓 평화를 선포하며 인기를 얻는 거짓 선지자들은 잘나가고 참 선지자 예레미야는 감옥에 갇힌다. 악한 자들은 형통하고 선한 자들은 늘 당하기만 한다. 하나님을 알고 믿는 사람은 이해가 안 되고 억울해서 화가 나고 원통하다.

그러나 경건한 신자요 하나님이 어떤 분이신가를 잘 알고 믿는 신앙인인 선지자에게 더 견딜 수 없는 것은 단순히 그것만이 아니다. 이러한 현실 이러한 역사 가운데서 결국은 하나님이 무시당하고 거부당하고 능욕당하고 있다는 사실이다. 마치 이 현실이 하나님을 조롱하는 것 같다. 선지자는 답답한 심정을 토로한다. "율법이 해이해지고 말았습니다. 정의가 전혀 시행되지 못하고 있습니다. 정의가 왜곡을 당하고 있습니다." 선지자가 쏟아놓는 이것들은 모두 하나님의 존재와 성품의 구현에 직결된 것들이다. 이러한 현실을 보면서 선지자가 느끼는 처절함은 그것이다. 마치 이 현실이 하나님을 조롱하는 것 같다! 아니 하나님이 없는 것 같다. 하나님이 없는 것이 아니라는 것은 확실하게 아는데, 내가 처한 현실에서 그것을 입증할 길이 없다. 그렇게 행하며 그렇게 말하는 방자한 자들에게 되받아 칠만한 아무런 증거가 선지자에게는 없다. 하나님마저도 아무런 조치를 취하시지도 않고 그냥 당하고만 계신다. 공의의 하나님, 율법의 하나님은 아무런 말이 없으시다. 하나님은 이 역사의 현실에 무관심하신 것 같다. 이것이 선지자를 더 답답하게 하고 더 화나게 한다. 이것이 선지자가 직면하고 있는 첫 번째 심각한 문제이다. 역사 현실에 대한 하나님의 무관심! 그것이 선지자가 현실에서 경험하는 문제이다.

같은 처지 시인의 탄식(시편 73편)

선지자가 당하는 이러한 현실과 그에 대한 답답함은 시편 73편의 시인을 자동으로 떠올리게 한다. 시인은 "하나님은 참으로 이스라엘 중 마음이 청결한 자에게 선을 행하신다"고 철저하게 믿고 사는 신앙인이다(73:1). "하나님은 마음이 청결한 자에게 선을 행하신다!" 이것이 그의 신학이고 신앙고백이다. 그 믿음이 하루하루를 확신에 차서 살아가는 삶의 자세이고 원동력이다. 그는 마음을 깨끗하게 하며 손을 씻어 무죄한 삶을 살려고 애를 쓰며 살아간다(73:13). 그러나 그가 정작 삶의 현장에서 확인하는 것은 판이하게 다른 모습이다. 그가 매일 매일의 삶에서 확인하는 것은 질투가 날 만큼 악인들이 형통하고 잘 되고 있다는 사실이다(3절). 그는 그 증거들의 긴 목록을 갖고 있다. 그래서 하나하나 열거한다. "그들은 죽을 때에도 고통이 없고 그 힘이 강건하며 사람들이 당하는 고난이 그들에게는 없고 사람들이 당하는 재앙도 그들에게는 없나니 그러므로 교만이 그들의 목걸이요 강포가 그들의 옷이며 살찜으로 그들의 눈이 솟아나며 그들의 소득은 마음의 소원보다 많으며…

그러므로 그의 백성이 이리로 돌아와서 잔에 가득한 물을 다 마시며… 이들은 악인들이라도 항상 평안하고 재물은 더욱 불어나도다"(73:4-7, 10, 12).

그가 진술하는 목록을 풀어쓰면 대충 이런 말이 될 것이다. 그렇게 못된 짓을 하며 살았으면 죽을 때에라도 벼락을 맞아 죽든지 축 늘어져 비참한 모습으로 죽어야 할 텐데, 그들은 죽을 때에도 아무 고통도 없고 힘이 넘치는 모습으로 평안하게 죽는다. 사람들이 살면서 일반적으로 당하는 고난마저도 그들은 마치 열외자처럼 당하지 않고 넘어간다. 하나님이 인간을 징벌하기 위하여 내리신 것처럼 보이는 재앙마저도 그들은 피해서 가며 잘만 살아간다. 모든 일이 얼마나 자기들이 뜻한 대로 술술 풀리는지 두려울 것도 없고 아쉬울 것도 없이 늘 자신만만하다. 그들이 다른 사람들을 대하는 언행과 처신은 패역 그 자체이다. 자신이 얼마나 특별한 사람인가를 증명하는 표지라도 되는 듯이 교만한 행세를 일삼는다. 사람들이 자기의 신분을 자랑하려고 목걸이를 걸듯이 이들은 교만을 목걸이처럼 자랑스럽게 행한다. 사람들이 항상 옷을 입고 다니듯이 그들은 강포를 휘두르고 다닌다. 그러니 그들은 언제나 포악하고 매정하다. 그것으로 자기들이 얼마나 탁월하고 뛰어난 사람들인가를 과시하며 살아간다. 그렇게 악한 그들은 평생을 떵떵거리며 보란 듯이 살아간다. 언제나 피둥피둥 살이 쪄서 좋은 혈색으로 살아간다. 사업도 얼마나 잘 풀리는지, 수입은 언제나 계획하고 기대했던 것보다 훨씬 더 많이 벌어들인다. 뿐만 아니다. 이들 악한 사람들에게는 사람들도 몰린다. 많은 수의 추종자가 따르고 이들에게 붙어서 이들의 악행을 본받으며 살아간다. 오히려 민심도 그들의 편이다. 이들은 불법을 일삼으며 사는 데도 아무런 장애도 받지 않고 항상 평안하다. 그리고 재산은 점점 더 쌓여갈 뿐이다.

세상이 이렇게 돌아가다 보니 악을 행하며 승승장구하는 악인들의 오만과 방자함이 하늘을 찌르고 세상을 뒤덮을 만하다. 그러한 현실을 놓고 시인은 "그들은 능욕하며 악하게 말하며 높은 데서 거만하게 말하며 그들의 입은 하늘에 두고 그들의 혀는 땅에 두루 다닌다"라고 진술한다(8-9절). 그들은 하나님을 능욕하며 하나님의 존재를 비아냥거린다. 그들이 있는 곳에서는 언제나 들을 수 있는 말이 있다. "하나님이 어찌 알랴!"(11절). 악행을 저지르지만 하나님께서는 자신들의 악행을 알지 못할 뿐만 아니라 알아도 상관하지 않을 것이라고 장담하는 것이다. 물론 이것은 그들의 착각이다. 그러나 그들은 그렇게 함으로써 하나님을 역사의 현장으로부터 배제시킨다. 그들은 다시 장담한다. "지존자에게 지식이 있으랴!"(11절). 지존자(지극히 높은 자)는 하나님의 통치적 주권을 표시하는 하나님의 고유한 이름이다. 그러나 악한 자들은 하나님이 역사를 주권적으로 통치하신다는 선언이 담긴 이름 "지존자"를 하나님께서 인간의 역사에 개입하지 아니하시는 분 곧 인간의 현실에는 관심도 없고 관계도 없는 분으로 말하는 데 사용하고 있다. 하나님의 주권을 강조하는 데 사용하는 하나님의 이름을 오히려 하나님의 주권을 부인하는 데 사용한다. 하나님을 비아냥거리는 것이다. 그들은 자기들이 현실에서 형통하는 것을 내세워 다른 사람들을 함부로 대하고 하나님을 능욕한다. 그리고 자기들의 방자함과 패역을 자랑스럽게 여기며 살아간다.

그러나 하나님의 판단은 분명하다. 성경은 하나님이 없다 하는 자를 어리석은 자라고 단언한다. "어리석은 자는 그의 마음에 이르기를 하나님이 없다 하도다"(시 14:1, 53:1). 성경이 어리석은 자라 할 때는 무지하거나 무식한 사람이라는 말이 아니다. 악한 자라는 말이다. 하나님이 없다고 하는 자는 무지한 자가 아니라, 악한 자다. 그러니까 그들은 심판을 받는다. 악을 행하면서도 하나님이 모른다고 하는 자를 심히 패역한 자라고 단정한다. "… 그들의 일을 어두운 데에서 행하며 이르기를 누가 우리를 보랴 누가 우리를 알랴 하니 너희의 패역함이 심하도다"(사 29:15-16).

그런데 시인은 하나님은 마음을 청결하게 하는 사람에게 선을 행하신다는 확고한 신학을 갖고 있다(1절). 자기의 마음을 깨끗하게 하며 손을 씻어 무죄한 삶을 살려고 몸부림치며 살아간다(13절).

그러나 그가 현실에서 경험하는 것은 그의 신학이나 믿음과는 딴 판이다. 재난과 고통의 연속일 뿐이다. 그래서 그는 자신의 처지를 토로한다. "나는 종일 재난을 당하며 아침마다 징벌을 받았도 다!"(14절). 하나님은 마음이 청결한 자에게 선을 행하신다는 자기 의 신학과 신앙이 현실의 삶에서는 전혀 통하지 않는 헛것이라는 생각이 든다. 눈 앞에 펼쳐지는 현실만 놓고 볼 때 하나님은 악인 에게 선을 행하시고, 마음이 청결한 사람에게 재난을 행하시는 분 인 것 같다. 최고 수준의 성경적인 신학은 삶의 현실에서 먹히지 않고, 순전한 신앙의 원리는 현실에서 통하지 않는다. 아니 현실은 오히려 그 반대인데도 거침없이 잘만 흘러간다. 이러한 현실 속에 서 시인은 한숨과 탄식처럼 한 마디를 토로한다. "내가 내 마음을 깨끗하게 하며 내 손을 씻어 무죄하다 한 것이 실로 헛되도다!"(13 절). 내 신학이 참으로 헛것인 것 같아! 내가 믿고 있는 것은 사실 이 아닌 것 같아! 신앙생활을 하는 것과 현실을 살아가는 것은 완 전히 다른 문제인 것 같아! 나는 속아 사는 것 같아!

선지자의 고발과 간구

선지자 하박국이 처한 현실이 바로 이 시인이 경험한 현실과 다르 지 않다. 악행을 일삼는 악인이 아무런 제재를 받지 않고 오히려 형통하게 잘만 산다. 죄 없는 사람들이 억울한 일을 당하며 고통당하고 있는 현실인데도 하나님은 아무런 반응이 없으시다. 공의가 무시되고 율법이 하찮게 여겨진다. 공의의 하나님, 율법의 하나님은 아무런 말이 없으시다. 이 현실이 선지자 하박국을 답답하게 하고 화나게 한다. 그래서 선지자는 하나님께 이 사실을 고하고, 부르짖으며, "강포요!"하고 하나님께 소리쳤다. 삶의 현장, 역사의 현장이 역사의 주인이신 하나님의 성품과는 달리 돌아가고 있는 현실을 하나님께 고발한 것이다. 그리고 하나님께서 이렇게 부당한 역사의 현장에 개입하시도록 요청한 것이다. "여호와여 내가 부르짖었습니다. 내가 강포를 인하여 외쳤습니다. 눈앞에는 간악과 패역이 판을 칩니다. 겁탈과 강포가 가는 곳마다 있습니다. 이 사회는 분노와 알력으로 말미암은 분쟁이 가득합니다! 하나님의 언약에 근거한 규례들은 하찮은 것으로 취급을 받고, 하나님의 공의의 질서는 파괴되고 있습니다. 악한 자들의 악행이 정의가 되고, 하나님의 공의는 조롱을 당하고 있습니다!"(합 1:2-4).

이것이 선지자가 삶의 현장에서 겪는 첫 번째 문제였다. 현실에 대한 하나님의 무관심이요, 마치 이 역사 현실에는 하나님이 없는 것 같은 하나님 부재 현상에 대한 신앙적 갈등이다. 이 현실이 선지자 하박국을 답답하고 화나게 한다. 내가 확신에 차서 붙잡고 있는 신학과 신앙은 이것이 아닌데 왜 현실은 이렇게 돌아가는 것인가? 내가 믿는 하나님은 이런 분이 아닌데 역사는 왜 반대로 돌아가는가? 이것은 단지 자신의 억울함이나 불편함 혹은 악을 행하면서도 잘만 풀리는 자들이 얄미워서 쏟아내는 분노의 폭발만은 아니다. 하나님이 다스리시는 역사의 현장이 전혀 하나님답게 펼쳐지지 않고 있음에 대한 염려요, 역사의 현장에서 하나님의 하나님 되심이 드러나야 한다는 열정의 발산이다. 불의가 판치는 현장에 하나님께서 개입하셔서 하나님의 공의와 하나님의 율법이 존중되는 사회가 되게 해주시라는 간청이다. 하나님이 역사를 다스리시는 분이라는 사실을 역사의 현장에서 통쾌하게 드러내 주시라는 요구이다. 하나님의 공의가 짓밟힘으로 말미암아 하나님이 무시되고 능욕 받는 현실에 대한 안타까움과 분노가 담긴 간청이다. 자기 자신의 영달을 위하여 부르짖은 것도 아니다. 자신의 병을 고쳐달라고 기도한 것도 아니고, 자신의 사업이 번창하게 해달라고 기도한 것도 아니다. 자기 자식을 출세시켜 달라고 기도한 것도 아니다. 그러므로 그의 기도는 사사로운 욕심을 채우는 것도 아니고, 천박한 쾌락을 추구하는 것도 아니다. 한 마디로 거룩하고, 경건하고, 하나님 중심적이고, 매우 수준 높은 신앙의 간구이다. 신약 성경의 표현대로 하면, 그야말로 하나님의 나라와 하나님의 의를 구하는 기도였다.

결국 하박국의 항변과 간구는 신학과 신앙이 먹혀들지 않는 하루하루를 살아야 하는 신앙인의 깊은 시름에서 나오는 한숨이고 탄식이며 절망이다. 이쯤 오면, 문득 이것은 남의 일이 아니고 옛날 그 시절의 문제가 아닌 것 같다는 촉이 살아난다. 오늘 우리가 교회 안팎의 현실에서 직면하는 심각한 문제도 바로 이와 같지 않은가? 세상이 이렇게 악하게 돌아가는데 하나님은 어디에 계시는가? 교회가 이렇게 무너져내리고 있는데 하나님은 모르시는가, 아니면 그냥 관심이 없으신 것인가? 그렇다면 우리는 하나님을 잘못 알고 있는가, 아니면 잘못 믿고 있는가? 우리의 신학은 헛것이고, 우리의 신앙은 자기기만일 뿐인가? 이러한 역사 현실은 하박국보다 2천 5백 년도 더 나중에 그곳이 아니라 이곳 한국 땅에서 사는 우리에게도 온갖 생각이 들게 한다. 우리는 기도 내용의 대부분과 기도 시간의 대부분을 자기 자신이나 가족의 문제 해결이나 자신의 형통을 위하여 사용하고 있지 않은가? 지금 이 사회에서 하나님이 어떻게 되고 있는가, 하나님의 말씀이 어떻게 취급당하고 있는가에 대한 염려와 절박함에서 쏟아내는 기도가 우리에게는 있는가? 우리는 하나님의 나라와 하나님의 의가 지금 이곳에서 어떻게 되고 있는가를 고민하고 아파하며 살아가는가?

고민과 고통의 본질

하박국은 그 문제로 속앓이를 하며 부르짖은 것이다. 하나님이 무시되고 능욕 받는 현실에 대한 안타까움과 분노가 담긴 간청이었다. 갈멜산에서 바알의 선지자들을 상대로 혼자서 위험천만한 모험을 벌이는 엘리야의 마음도 하나님의 하나님 되심이 무시되고 거부되고 있는 현실에 대한 거룩한 분노가 아니었던가! 하나님이 하나님이라는 사실은 드러나야 하고 드러날 수밖에 없다는 믿음에서 나온 자신만만한 결단이 아니었던가! 그가 뛰노는 바알 선지자와 아합왕 앞에서 불을 내려주시기를 구하는 기도의 핵심도 그것이었다. "이 백성으로 하여금 주 여호와는 하나님이심을 알게 하소서"(왕상 18:37). 세 번씩이나 물을 쏟아부었던 제단 위로 불이 내리는 것을 보자마자 둘러섰던 이스라엘 백성이 엎드러지면서 질러댄 비명도 그것이었다. "여호와 그는 하나님이시도다. 여호와 그는 하나님이시도다!"(왕상 18:39). 우리는 하나님의 이름이 지금 어떻게 되고 있는가, 그의 말씀이 지금 어떻게 되고 있는가 때문에 괴로워하는가? 이런 점에서 하박국의 괴로움에 찬 항변과 분노에 찬 부르짖음은 이렇게 불경건하면 안된다는 반면교사가 아니다. 우리는 무엇에 괴로워하고 무엇에 분노하며 하나님께 부르짖으며 하나님과 씨름하는가를 살펴보게 하는 도전이다.

결국 하박국의 항변과 간구는 믿음과는 다르게 돌아가는 현실에서 깊이 시름 할 수밖에 없는 신앙인의 탄식 어린 절망의 소리이다. 이쯤 오면, 문득 이것은 남의 일이 아니고 옛날 그 시절의 문제가 아닌 것 같다는 촉이 살아난다. 오늘 우리가 교회 안팎의 현실에서 직면하는 심각한 문제도 바로 이것 아닌가? 세상이 이렇게 악하게 돌아가는데 하나님은 어디에 계시는가? 교회가 이렇게 무너져내리고 있는데 하나님은 모르시는가, 아니면 그냥 관심이 없으신 것인가? 그렇다면 우리는 하나님을 잘못 알고 있는가, 아니면 잘못 믿고 있는가? 우리의 신학은 헛것이고, 우리의 신앙은 자기기만일 뿐인가? 이러한 역사 현실은 하박국보다 2천 5백 년도 더 나중에 그곳이 아니라 이곳 한국 땅에서 사는 우리에게도 온갖 생각이 들게 한다.

간구에 대한 하나님의 무응답

하박국의 간구는 한 마디로, 하나님의 나라가 임하고 하나님의 뜻이 이루어지기를 구하는 간청이었다. 그러나 하나님은 아무런 반응이 없으시다(2절). 선지자는 하나님께서 이렇게 악한 역사 현실에 개입하셔서 조처(구원)를 취하셔야 하지 않겠는가를 상당 기간 부르짖고(2절a), 외쳤다(2절b). 그러나 여전히 하나님은 묵묵부답이시다. 하나님은 그의 간구에 응답하지 않으신다. 이것이 선지자가 하나님께 불만에 찬 항변으로 탄원을 하는 또 하나의 이유이다. "어느 때까지입니까?"(2절). "어찌하여 이러십니까?"(3절). "여호와여 내가 부르짖어도 주께서 듣지 아니하시니 어느 때까지리이까? 내가 강포를 인하여 외쳐도 주께서 구원치 아니하시나이다"(2절).

"어찌하여 나로 간악을 보게 하시며 패역을 목도하게 하시나이까"(3절). 마치 시편 13편에서 쏟아내는 다윗의 하소연을 듣는 것 같다. "여호와여 어느 때까지니이까 나를 영원히 잊으시나이까 주의 얼굴을 나에게서 어느 때까지 숨기시겠나이까 나의 영혼이 번민하고 종일토록 마음에 근심하기를 어느 때까지 하오며 내 원수가 나를 치며 자랑하기를 어느 때까지 하리이까"(시 13:1-2). 하나님께 부르짖은 선지자 하박국은 응답받지 못하고 있다. 하박국이 삶의 현장에서 직면한 두 번째의 심각한 문제는 바로 "하나님의 무응답"의 문제였다.

이렇게 놓고 보면 언제까지 이러실 거냐고, 왜 이러시는 거냐고 하나님께 쏟아붓는 선지자의 항변은 결국 두 가지 문제에서 기인한다. 하나님의 역사 현실에 대한 무관심과 자신의 간구에 대한 무응답이다. 하나님의 무관심과 무응답! 하나님의 무관심은 하나님의 하나님 되심이 심각하게 왜곡되고 있는 불의한 현실에 대한 무관심이다. 무응답은 하나님 나라와 그 의를 구하는 긴급하고도 간절한 신자의 기도에 대한 무응답이다. 신앙생활을 하노라면 때로는 하나님이 몹시 서운할 때가 있다. 나는 목회하면서 그렇게 열심히 신앙생활을 하고 그렇게 잘 믿어보려고 애쓰는 우리 교인들의 기도를 그렇게 오랫동안 응답하지 않으시는 하나님이 너무 야속하고 서운했던 적이 있다. 그래서 제법 오랜 기간을 "하나님 제가 하나님이었으면 좋겠습니다"라는 하소연을 새벽마다 했던 적이 있다. 반역자 아담과 하와처럼, 혹은 바벨탑을 쌓던 그 못된 인간들처럼 나도 하나님이 되고 싶은 교만과 욕심이 차올라서가 아니었다. 그의 나라와 그의 의를 구하는 간절한 기도에도 묵묵부답 응답이 없으시고, 마치 숨어버린 것처럼 자기를 드러내지 않으시는 하나님에 대한 간절함과 서운함에서 나오는 신음이었다. 내가 하나님이라면 저 착하고 안쓰러운 교인들을 저대로 그냥 방치하지 않을 것 같았다. 당장 문제를 해결해주고 당장 그들의 낯빛을 기쁨으로 바꾸어줄 것 같았다. 서운함이 깊어지면 하나님이라는 존재가 오히려 상처가 된다. 상처가 깊어지고 응어리지면 하나님이 감사가 아니라 분노가 되기도 한다. 하박국은 지금 여기에 와 있다.

무응답의 현실에서 깨닫는 것

신자의 명예와 영광

이러한 사실로부터 우리가 배우는 것이 있다. 우리의 결심과 각오와 계획이 거룩하고 경건하고 신앙적이기 때문에 당연히 그것을 이루어가는 과정이 평탄하고 순탄해야 한다고 기대하는 것은 크나큰 오해며 착각이라는 사실이다. "이렇게 선하고 거룩한 목적으로 행하는 일인데 왜 일이 자꾸 꼬이고 막히고 안 풀리는지 이해가 되지 않네요!" 자주 듣는 그런 불평은 정당하지 않다. "그래도 예수

믿는 사람이 믿지 않는 사람보다는 사업도 잘되고 자식도 잘돼야 하는 것 아니에요?" 나도 그랬으면 좋겠다는 생각을 자주 한다. 그러나 언제나 그래야만 된다는 것은 착각이다. 주님의 일이기 때문에 순탄해야 된다는 것은 착각이다. 하나님이 언제나 그렇게 일하시는 것은 아니다. 때로는 선한 길인데도 고난을 겪고 장애물에 걸리며 가야 되는 때가 있다. 어느 때는 거룩한 하나님의 길을 가는데도 하나님께 어떤 응답도 격려도 나를 알아주신다는 신호도 없이 혼자서 외롭게 가야 되는 때가 있다. 주님의 일이고 거룩한 길이기 때문에 언제나 반드시 순탄해야 하는 것이 아니다. 세상에서는 그 반대인 경우가 더 많다. 순탄하지 않고 거칠기만 하여도 그것이 주님의 길이기 때문에 가야 한다. 그것이 신자의 길이요, 그렇게 사는 것이 신앙생활이다. 우리는 자주 거꾸로 생각하고 거꾸로 간다.

아브라함은 75세에 난생처음 하나님을 만났다. 그리고 25년 세월이 지나서야 평생의 소원 하나를 응답받았다. 아들 이삭을 얻은 것이다. 그리고 20년 가까운 세월이 지난 어느 날. 그러니까 아브라함이 하나님을 처음 만나고 45년 가까운 세월이 흐른 뒤에 하나님이 그의 이름을 부르며 찾아오셨다. 그에게 100세에 얻은 아들 이삭을 번제로 드리라고 요구하셨다. 숱한 고민과 원망과 방황과 회의와 두려움과 괴로움이 덮쳐왔을 것이다. 아브라함은 그래도 하나님께 순종하기로 최종결론을 내린다. 그리하여 아침 일찍 일어나 나귀에 짐을 싣고 사환 둘과 함께 이삭을 데리고 번제를 드리기 위하여 길을 떠난다. 목숨보다도 귀한 아들을 번제로 드리라는 하나님의 가혹한 말씀을 순종하기로 최종 결단을 내린 것이다. 하나님이 정해주신 장소를 향하여 3일 길을 걸어가고 있다. 위대하고 거룩한 신앙의 길을 가고 있다. 그런데 하나님은 3일 내내 아브라함에게 아무런 말씀도 없으시다. 아들을 데리고 산길을 올라가는 중에도 하나님으로부터는 어떤 응답도 없다. 심지어 아들 이삭을 잡아서 수족을 묶어 불태울 나무 위에 올려놓았는데도 하나님은 아무 말씀을 하지 않으신다. 아브라함이 칼을 손에 들고 아들 이삭을 향하여 내려치는 그 순간에 드디어 하나님은 황급히 아브라함을 부르며 나타나셨다. "아브라함아, 아브라함아! 그 아이에 네 손을 대지 말라. 그 아이에 아무 일도 하지 말라!" 그리고 아브라함을 인정하시면서 놀라운 복을 맹세하셨다. 그때까지 아브라함은 잘하는 것인지, 하나님이 알고 계시기나 한 것인지, 하나님으로부터 아무런 신호도 없는 그 길을 혼자서 가야 했다.

엘리야는 늘 하나님께 어딘가로 보냄을 받았다. 그러나 하나님의 말씀을 순종하여 가는 그 길은 늘 어려운 길, 외로운 길, 생명의 위협을 받는 위험한 길이었다. 하늘로 올려지기 위하여 요단으로 가라고 하신 마지막 한 번을 제외하고는 하나님이 가라 하여 가는 길은 늘 고달프고 위험하고 힘들게 가야 했다. 하나님의 육성을 듣고 순종하여 가는 그 길은 늘 혼자서 가는 고독한 길이었다. 우리가 가는 길은 그것이 하나님의 말씀을 순종하는 거룩한 길임에도 하나님께 아무런 신호도 응답도 없이 가야만 하는 때가 있다. 하나님으로부터 오는 특정한 신호가 우리를 지탱하는 것이 아니다. 우리가 하나님의 말씀을 따르고 있다는 사실이 우리를 지탱하는 버팀목이다. 세상이 다 다른 길을 가도 혼자서라도 그 길을 가는 뚝심은 그래서 나오는 것이다. 그것을 우리는 신앙이라고 부른다. 고난의 길이라고 써놓고 신앙이라고 읽는다. 하나님의 말씀을 순종하고, 하나님의 뜻을 행하여 큰 결과를 이룸으로써 드디어 우리는 명예를 얻고 영광을 누리게 되는 것이 아니다. 아무런 결과를 이루지 못하는데도 그것이 하나님의 말씀이고 하나님의 뜻을 행하는 길이기 때문에 비틀거리고 넘어지면서도 그 길을 여전히 가고 있다는 그 사실이 명예이고 영광이다. 그것을 놓고 하나님은 "족한 은혜"라 하시고, "온전한 능력"이라 하셨다(고후 12:9). 그렇게 그 길을 가다가 그 길 어느 길목에선가 우리는 얼굴과 얼굴로 우리 주님을 뵙게 될 것이고, 그것이 우리의 명예와 영광의 절정이 될 것이다.

고난의 현실이 이루어내는 것

하나님의 무관심과 무응답이 주는 고난의 현실로부터 우리가 깨달는 중요한 사실이 또 있다. 당하는 고난의 현실은 그것을 살아내라는 것이 하나님의 의도요, 하나님께서 우리를 만들어가시는 운동장이라는 사실이다. 그것은 하나님이 우리에게 맡기신 배역을 수행하게 하시려고 설정하신 무대라는 사실이다. 우리가 경험하는 현실의 고난은 우리의 불신앙의 증거가 아니다. 하나님의 무관심이나 무능력의 증거가 아니다. 도망가야 되는 현실도 아니다. 그 안에서 우리가 신자임을 드러내는 운동장이요 무대이다. 그 고난의 현장을 통과하게 함으로 하나님은 우리를 다른 차원의 실력자들로 이끌어 가신다. 그러므로 우리는 그 현장을 피하여 어디 다른 곳으로 도망가지 않는다. 기도원이나 수도원에 묻혀 다른 현실에 몰입하지 않는다. 현실을 무시하고 내세에 몰입하여 딴 세상 사람으로 살지 않는다. 불평과 분노에 사로잡혀 현실을 거부하며 살지도 않는다. 신앙은 고난의 현장을 피하거나 면제받는 백신이 아니다. 신앙이란 고난의 현장을 살아내는 능력이고, 그 고난이 신자에게 하나님의 역사를 이루어간다. 신자는 인격이 더 익어가고, 인생이 더 영글어 가며, 신앙이 더 깊어간다. 사실 신앙의 성숙과 거룩의 진보라는 관점에서만 본다면 번영보다는 고난이 훨씬 더 큰 결실을 우리에게 맺어 낸다. 40년 절친 목사가 책을 써냈다. 그 책의 제목이 충격적으로 은혜롭다. "고난은 악이 아니라, 약이다." 사도 베드로가 첫 편지에서 일관되게 힘주어 말하는 것을 한마디로 요약하면 이것이다.

"신자에게 고난은 명예다."

실제로 하박국은 그 고난의 현장을 살아내야 한다. 하박국은 2장
에서 진정한 응답을 얻어낸다. 그 답의 핵심은 한 마디이다. "의인
은 믿음으로 말미암아 산다"는 것이다. 그가 처한 현실이 아무리
뒤집어지고 불의하고 요동을 쳐도 여전히 제 길을 간다는 것이다.
그 현실을 신자로서 살아내야 한다는 말이다. 그러나 그 인생이 실
패도 아니고, 낭비도 아니고, 저주도 아니다. 그 가운데서 하박국
은 자라간다. 그 가운데서 하나님은 일을 이루어가신다. 현실의 상
황은 전혀 변하지 않는다. 하박국이 변하여 간다. 하박국이 영글어
간다. 1장에서 눈 앞에 펼쳐지는 현실이 분노의 이유였던 하박국
은 3장에 가면 마침에 그 참혹한 현실 한복판에서도 여전히 즐거
워하고 찬송을 부르는 사람이 되어 있다. 고난의 현장을 살아내는
동안 우리는 귀로만 듣던 하나님을 드디어 눈으로 보는 하나님으
로 경험하게 된다. 하나님은 우리의 상황을 바꾸고자 하는 것이 아
니라, 우리 자신을 바꾸고자 하신다. 하나님의 목적은 상황이나 일
이 아니다. 하나님의 목적은 언제나 우리 자신이다. 우리 자신을
키우기 위하여, 복되게 하기 위하여 하나님은 무슨 일이든지 다 하
신다. 심지어 자기 아들도 죽이신다.

하나님께 기도하는 자의 가장 심각하고 절망적인 문제는 바로 "무응답"의 문제이다. 응답을 받지 못하고 있는 사람에게 하나님의 무응답은 곧 하나님의 부재로 인식되는 법이다. "너희는 내게 부르짖으며 와서 내게 기도하면 내가 너희를 들을 것이요 너희가 전심으로 나를 찾고 찾으면 나를 만나리라"(렘 29:12-13). 이 말씀은 하박국과 동시대의 선지자인 예레미야를 통해 주신 약속이었다. "내가 진실로 진실로 너희에게 이르노니 너희가 무엇이든지 아버지께 구하는 것을 내 이름으로 주시리라.... 구하라 그리하면 받으리니 너희 기쁨이 충만하리라"(요 16:23-24). 마지막 만찬 자리에서 행한 고별설교에서 예수님이 직접 하신 약속의 말씀이었다. 그러나 성경에 기록되어 있고 예수님이 육성으로 하신 이 말씀들이 모두 거짓말로 여겨질 만큼 기도의 응답을 받지 못하고 있는 현실을 신자들은 종종 경험하며 산다.

이러한 처지에 있는 사람에게 그 말씀들을 들이대며 무조건 기도는 응답 된다고 그것을 믿으라고 우격다짐으로 몰아붙이는 것은 사람을 매우 서운하게 한다. 아프게 한다. 이런 이웃에게 기도를 어떻게 해야 하는가, 어떤 기도가 응답을 받는가 등을 강의하려고 드는 사람은 얄밉다 못해 분노를 자아낸다. 마치 욥의 세 친구 같다. 무응답의 아픔과 답답함, 그리고 서운함을 묵묵히 함께 나누는 것이 이웃 된 신자의 첫 도리다. 함께 기다리는 것이다. 왜냐하면 하나님은 결국 우리의 기도를 응답하신다는 진리를 우리는 알고 있기 때문이다. 내가 원하는 시간에, 내가 원하는 방법으로 응답되고 있지 않을 뿐이다. 하박국에게 일어난 일도 바로 이것이다. 그러므로 무응답의 상황에서도 우리가 여전히 할 일은 다시 부르짖는 것이다. 하나님의 무응답 앞에서 이제는 기도할 필요도 없고, 더 이상 속을 일도, 헛수고할 일도 없다면서 화를 내고 돌아설 일이 아니다. 하나님이 지금은 응답하지 않지만 반드시 응답하실 것이니까 나는 괜찮다는 식으로 시침을 떼며 신앙 좋은 체하느라 마음고생 할 필요도 없다. 신앙 좋은 것은 그것을 말하는 것이 아니다. 하박국은 지금 응답받지 못한 기도의 문제를 해결하려고 응답하지 않으시는 하나님과 여전히 씨름하고 있다는 점을 주목해야 한다. 하박국은 부르짖었고, 하나님은 들은 체도 하지 않으셨다. 그래서 하박국은 대들며 다시 물고 늘어지고 있다. 하나님은 반드시 응답하신다는 확신을 갖지 않은 사람이 이렇게 할 수는 없다. 한동안의 무응답은 기도를 포기해도 좋은 명분이 아니다. 다시 부르짖을 시작점이 된다. 왜 응답하지 않으시는 거냐고, 언제까지 가만히 계실 거냐고, 내가 알고 믿는 하나님은 이런 분이 아니라고, 우리는 하나님께 다시 부르짖을 수 있다. 다시 간구할 수 있다. 이러한 과정을 통하여 우리가 배우는 것이 있다. 기도의 응답은 하나님의 시간에 하나님의 방법으로 하나님이 이루어 가신다는 사실이다. 그리고 그 결과는 언제나 좋은 것이라는 사실이다. "하나님을 사랑하는 자 곧 그의 뜻대로 부르심을 입은 자들에게는 모든 것이 합력하여 선을 이루느니라"(롬 8:28). "구하라 그리하면 받으리니 너희 기쁨이 충만하리라"(요 16:24). 결국 하나님으로부터 응답이 온다.

다양한 반응들

선지자는 하나님에 대한 회의와 불만을 일으키는 현실에 직면하였다. 그는 하나님 앞으로 나아가서 항변하며 털어놓는다. 이러한 선지자의 모습에서 우리가 얻는 깨달음은 무엇인가? 우리가 받는 도전은 무엇인가? 악과 불의와 술수와 강포가 세상을 살아가는 보편적인 방식이 되어버린 삶의 현장에서 사람들이 나타내는 반응은 무엇인가? 아마도 다음 네 가지 중 하나일 것이다. 첫째는 자기도 악의 세력에 편승하여 앞장서서 형통한 악인의 길을 당당히 가는 사람들이다. 이들은 적극적으로 악을 행하는 자들이다. 그들에게 신앙은 편의에 따라 이리저리 사용하는 도구와 명분일 뿐이다. 둘째는 재빨리 시류에 영합하면서 그것이 이 사회에서 살아남는 길이라고 영리한 논리를 대는 사람들이다. 신자의 신분을 유지하면서 그러나 세상과 시대의 흐름을 명분으로 내세워 사실은 세상 사람들과 똑같이 살아가는 대부분의 소위 신자들이 여기에 속할 것이다. 세상이 바뀌었다는 것은 이 사람들이 언제나 내세우는 자기 정당화의 명분이다. 예수님께서 지적하신 "음란하고 죄 많은 세상에서 나와 내 말을 부인하는 자들"이 바로 이렇게 해서 생기는 것이다. "누구든지 이 음란하고 죄 많은 세대에서 나와 내 말을 부끄러워하면 인자도 아버지의 영광으로 거룩한 천사들과 함께 올 때 그 사람을 부끄러워하리라 사람이 만일 천하를 얻고도 제 목숨을 잃으면 무엇이 유익하리요 사람이 무엇을 주고 제 목숨을 바꾸겠느냐"(막 8:38, 32-36). 어떤 사람들은 음란하고 죄 많은 세상에서 살아남기 위하여 예수님과 그의 말씀을 버리고 세상의 그것들을 따라간다. 결국 예수님께 거부당할 것이고 그것은 세상을 얻자고 목숨을 내놓은 것이나 다름없는 어리석은 짓이라는 것이 예수님의 논리이다. 셋째는 세상이 이 지경인데 무슨 하나님이 있느냐며 신앙과 하나님에 대하여 좌절하고 주저앉아버리는 사람들이다. 하고 싶은 말을 속이 후련하도록 실컷 퍼붓고 가출을 해버린 욥의 아내가 아마도 이런 유형에 속할 것이다. 넷째는 현실에서 직면하는 그 문제를 끌어안고 하나님께 나아가 씨름하는 사람들이다. 신앙이 통하지 않는 현실을 하소연하고 항변하며 하나님과 씨름하는 것이다. 이것이 진정한 신앙인이다.

하박국의 모습은 아무리 현실이 이해가 안 된다고 하여도 이런 식으로 불경건하게 하나님께 대들어서는 안 된다는 말을 우리에게 하는 것이 아니다. 오히려 공격적인 도전을 던지고 있다. 당신은 하나님이 역사를 다스리고 계신다는 증거를 삶의 현장 그리고 역사의 현장 어디에서도 찾아볼 수 없을 때 어떻게 반응하는가? 그것을 하나님이 안 계신다는 증거로 삼는가, 아니면 악을 행하는 시류에 편승하여 쉬운 길을 가는 것을 현실적인 지혜로 받아들이고 당신도 그렇게 살기로 작정하는가? 아니면 이러니 하나님이 속히 나타나셔야 된다는 절박감으로 하나님께 다시 나아가 더 열심히 부르짖는 기회로 삼는가? 우리는 선지자 하박국에게서 이 모습을 본다. 그는 이름도 하박국, "씨름하는 자"이다. 이것은 모든 신앙인의 이름이기도 하다. 신앙인은 하나님과 씨름하는 자들이다. 자기 눈앞에 닥친 문제를 끌어안고 하나님과 씨름하는 자들이다. 야곱이 씨름하듯 하박국도 씨름하고, 하박국이 씨름하듯 우리도 씨름한다. 그래서 우리는 신앙인이다.

우리가 신앙생활을 하고
신학을 한다는 것은 신학과 현실 사이의
괴리, 신앙으로 고백하는 하나님과
일상의 현장에서 확인하는 하나님 사이의
불일치. 그 사이에 들어서는 것을 말한다.
그 중간에 서서 고뇌하고 방황하며
현장을 뚫는 답 한 가닥씩을
찾아가는 과정이기도 하다.

|

하박국 1:5-11

⁵ 여호와께서 이르시되 너희는 여러 나라를 보고 또 보고 놀라고 또 놀랄지어다 너희의 생전에 내가 한 가지 일을 행할 것이라 누가 너희에게 말할지라도 너희가 믿지 아니하리라 ⁶ 보라 내가 사납고 성급한 백성 곧 땅이 넓은 곳으로 다니며 자기의 소유가 아닌 거처들을 점령하는 갈대아 사람을 일으켰나니 ⁷ 그들은 두렵고 무서우며 당당함과 위엄이 자기들에게서 나오며 ⁸ 그들의 군마는 표범보다 빠르고 저녁 이리보다 사나우며 그들의 마병은 먼 곳에서부터 빨리 달려오는 마병이라 마치 먹이를 움키려 하는 독수리의 날음과 같으니라 ⁹ 그들은 다 강포를 행하러 오는데 앞을 향하여 나아가며 사람을 사로잡아 모으기를 모래 같이 많이 할 것이요 ¹⁰ 왕들을 멸시하며 방백을 조소하며 모든 견고한 성들을 비웃고 흉벽을 쌓아 그것을 점령할 것이라 ¹¹ 그들은 자기들의 힘을 자기들의 신으로 삼는 자들이라 이에 바람같이 급히 몰아 지나치게 행하여 범죄하리라

03

납득할 수 없는 응답

– 큰 악을 동원하여 작은 악을 해결한다고요?

드디어 임한 하나님의 응답(1:5–11)

드디어 하나님께서 답을 하신다. 불의와 악행들에 무관심과 무응답으로 일관하시는 하나님에 대한 선지자의 항변에 여호와께서 답을 내놓으신다. "여호와께서 가라사대…"(5절). 얼마나 애타게 기다리던 순간이었는가! 이렇게 이어지는 하나님의 응답은 세 가지 내용을 담고 있다. 첫째는 하박국이 제기한 그 문제를 처리하시겠다는 것이고, 둘째는 갈대아를 동원하여 그것을 시행하시겠다는 것이며, 셋째는 갈대아가 어떤 사람들인가에 대한 상세한 말씀이다. 그것이 5-11절까지의 말씀이다. 첫째는 하박국이 제기한 유다의 악을 처리하시겠다는 것이다. 그러므로 말씀하신다. "너희 생전에 내가 한 가지 일을 행할 것이라"(5절). 하박국 생전에, 그리고 지금 그렇게 사는 유다인들이 죽기 전에 하박국이 제기한 문제를 처리하시겠다는 것이다. 곧 유다의 악을 심판하시겠다는 것이다. 이들의 생전이라 하셨으므로 시간이 멀지 않았다. 남을 압제하며 악을 행하는 사람들은 자기가 천년만년 강하고 힘 있게 살 것처럼 착각한다. 악한 자들에게 힘없이 당하며 사는 사람의 입장에서는 하루가 천년 같이 길게 느껴지기도 한다. 그러나 사실 악은 그리 오래 가지 않는다. 하나님의 응답이 그것이다. "너희 생전에 내가 한 가지 일을 행할 것이라!" 이어서 하나님은 행하실 그 일, 곧 그의 응답이 얼마나 기상천외의 엄청난 것이 될 것인가를 강조하신다. "너희는 여러 나라를 보고 놀라고 또 놀랄지어다. 누가 너희에게 말할지라도 너희가 믿지 아니하리라"(1:5). 믿기지 않을 만큼 엄청난 방식으로 하박국의 부르짖음과 항변에 응답하시겠다는 것이다.

이어서 하나님이 행하실 그 한 가지 일의 구체적인 내용을 밝히신다. 갈대아를 동원하여 시행하시겠다는 것이다. 이것이 하나님의 답변이 담고 있는 두 번째 내용이다. "내가 갈대아 사람을 일으켰나니…"(5절). 갈대아 사람들을 동원해서 하박국이 제기한 문제를 처리하시겠다는 것이다. 다시 말하면 갈대아 사람들을 일으켜서 유다의 악을 심판하시겠다는 것이다. 갈대아가 유다를 심판한다는 것이다. 이 사실은 하박국에게 그리고 유다 사람들에게는 생전 처음 보는 일이다. 놀라고 또 놀랄 만큼 놀라운 일이고, 들어도 믿기지 않을 만큼 기상천외의 사건이다(5절). 하나님께서 갈대아를 동원하여 유다 사람들의 악을 심판하는 것이 어떤 점에서 그렇게 충격적이고 기상천외의 사건이 되는 것인가? 갈대아는 약소국으로 출발하였지만 당시 강대국으로 군림해오던 앗수르가 점점 약해지면서 신흥강국 신바벨론으로 부상하여 앗수르를 멸망시키고 메소포타미아 지역의 패권을 잡는 강대국이 된 나라다. 이들은 떠오르는 강국일 뿐 아니라, 유다에게는 원수 나라이다. 유다는 애굽과 동맹을 맺고 이 바벨론과 맞섰기 때문이다. 그런데 하나님은 유다의 운명을 갈대아 사람들에게 맡기려 하신다. 그것이 놀라운 또 다른 이유는 갈대아 사람들이 어떤 사람들인가 때문이다. 그들은 유다의 원수일 뿐 아니라 한없이 악하고 잔인한 족속이다.

응답의 세 번째 내용은 하나님이 유다의 심판자로 일으키실 갈대아 사람들은 어떠한 사람들인가에 대한 긴 설명이다. 하나님은 그들이 어떤 사람들인가를 상세히 밝히신다. 물론 하박국도 그들이 얼마나 악한 사람들인가를 잘 알고 있다. 그런데도 하나님께서 그 사실을 일일이 밝히시는 의도가 있다. 하나님도 그들이 어떤 사람들인가를 잘 알고 계신다는 것을 하박국에게 미리 알려주시려는 것이다. 갈대아가 어떤 사람들인지 몰라서 그들을 동원하는 것이 아님을 분명히 하려는 것이다. 하나님이 갈대아를 동원하여 유다의 악을 심판하려는 것은 실정을 잘 몰라서 한 실수가 아니라, 일부러 그렇게 하는 것임을 분명히 하려는 것이다. 사실 갈대아 사람들은 어떤 사람들인가를 밝히는 것이 하나님이 하박국에게 하신 대답의 거의 전부를 차지하고 있다(6-11절). 하나님이 밝히시는 갈대아 사람들에 대한 묘사는 두 가지 내용을 담고 있다. 그들의 악한 성품에 대한 진술과 악한 성품대로 무엇이든지 실행할 수 있을 만큼 그들이 갖추고 있는 뛰어난 능력이다. 그것이 6-11절에 걸쳐 자세하게 진술되고 있다. "보라 내가 사납고 성급한 백성 곧 땅이 넓은 곳으로 다니며 자기의 소유가 아닌 거처들을 점령하는 갈대아 사람을 일으켰나니 그들은 두렵고 무서우며 당당함과 위엄이 자기들에게서 나오며 그들의 군마는 표범보다 빠르고 저녁 이리보다 사나우며 그들의 마병은 먼 곳에서부터 빨리 달려오는 마병이라 마치 먹이를 움키려 하는 독수리의 날음과 같으니라 그들은 다 강포를 행하러 오는데 앞을 향하여 나아가며 사람을 사로잡아 모으기를 모래 같이 많이 할 것이요 왕들을 멸시하며 방백을 조소하며 모든 견고한 성들을 비웃고 흉벽을 쌓아 그것을 점령할 것이라 그들은 자기들의 힘을 자기들의 신으로 삼는 자들이라 이에 바람 같이 급히 몰아 지나치게 행하여 범죄하리라"(1:6-11). 그들은 악하고 잔인하고 교만하다. 그들은 무엇이든지 맘만 먹으면 원하는 대로 일을 이룰 수 있는 실력을 갖추고 있는 족속이다.

갈대아 사람들

먼저 갈대아 사람들은 어떤 사람들인가를 정리해볼 필요가 있다. 그들의 성품과 행위가 얼마나 자기중심적이고 잔인하며 악독하고 교만한지를 상세하게 조목조목 기록하고 있다. 그들은 악한 자들이다. 그 이름의 뜻도 "약탈자"이다. 그들은 방자하고 무자비한 자들이다. 자기중심적 탐욕으로 가득한 사람들이다. 그들은 죄를 짓는 것을 전혀 개의치 않는 자들이다. 이들을 설명하는 행위들은 보면 그들이 어떤 사람인지 간단히 요약된다. 그들은 잔인하고, 악독하고, 무자비하고, 교만하다. 그들은 자기들의 힘을 자기들의 신으로 삼는 교만하고도 불경한 자들이다(11절). 하나님이 일으켜서 이기게 해주시니, 마치 자기들이 능력이 있어서 승승장구하는 것처럼 교만을 떨고 자기가 하나님인 것처럼 행세한다. 그물과 투망으로 고기를 산더미 같이 잡고 나서는 고기를 창조하시고, 그렇게 고기가 많게 하시고, 그렇게 고기를 많이 잡게 해주신 하나님께 감사하지 않는다. 그들은 자기들이 사용한 그물과 투망이 고기를 많이 잡게 해준 것이라고 주장하면서 그물과 투망 앞에 향을 피우며 제사 지낸다(1:15-16).

이렇게 잔인하고 매정하고 악하고 교만하고 탐욕이 들끓는 이들의 현실은 어떤가? 그들은 맘만 먹으면 무엇이든지 거리낌 없이 실천에 옮길 능력까지 갖추고 있다. 그들은 열방을 모조리 휩쓸어 전멸시킬 수 있는 자들이다(6절). 그들은 두렵고 무서우며 당당하며 위엄이 있는 자들이다(7절). 그들은 누구도 당할 수 없을 강력한 군사력을 갖고 있다(8절). 다니엘 7:4은 바벨론을 가리켜 "날개 달린 사자"라고 할 정도다. 사자는 그 자체만으로도 가장 두려운 존재인데, 거기에 날개까지 달렸다니! 그들은 승승장구하며 어느 나라나 족속에게도 뒤지지 않는 국력을 갖고 있다(9-10절). 그들은 바람같이 급히 몰아쳐서 유다를 전멸시켜 버릴 수 있는 군사력을 갖고 있다(11절). 한마디로 이제 세상은 이 사람들의 천지가 되는 것이다. 하나님 없이도 사업만 잘되고 하나님 없이도 잘만 살아지는 사람들이 신자나 불신자를 막론하고 도처에 널려있다. 그리고 그것을 놀라운 복으로 간증하는 사람들도 있다. 그것은 복이 아니라, 저주다. 이렇게 산 갈대아를 후에 하나님이 어떻게 처리하시는가를 보면 금방 알 수 있다.

위에서 파악한 내용으로 이제 몇 가지의 관점에서 살펴보면 이들이 어떠한 존재들인가를 알 수 있다. 그들이 그렇게 강성한 나라가 된 근본적인 원인은 무엇인가? 하나님이 그들을 일으키셨기 때문이다(6절). 그런데도 그들이 품은 생각은 무엇인가? 열왕을 무시하고(10절), 자기의 힘을 자기의 신으로 삼고 있다(11절). 자기들이 하나님 행세를 하는 것이다. 그러나 하나님께서 확정하신 만고불변의 진리는 이것이다. "나는 여호와라 나 외에 다른 이가 없나니 나밖에 신이 없느니라"(사 45:5). 그러므로 그들은 한없이 교만한 자들이다. 교만의 극치는 자신이 하나님의 자리에 올라가는 것이다. 그런데 그들은 그렇게 하고 있다. 하나님이 그렇게 해주시니 그 힘을 가지고 마치 자기들이 하나님인 것처럼 굴고 있다. 마치 하나님이 없는 것처럼, 하나님이 아무리 전능자라 하여도 이런 것은 모르시는 분인 것처럼 하나님을 대하는 것이다. 이것은 어리석은 일이다. 아니 선지자 이사야를 통하여 하신 말씀대로 하면 그것은 패역한 것이고, 심히 패역한 것이다(사 29:15-16). 마치 누가복음 12장의 어리석은 부자와 같다. 그는 보관할 곳이 없도록 넘치게 거둔 수확을 두고 이것을 어떻게 보관하여 소유할 것인가를 심히 고민한다. 다른 사람에게는 없는 이 풍성한 수확이 어디에서 온 것인가를 묻지 않는다. "땅을 돌보사 물을 대어 심히 윤택하게 하시며 하나님이 강에 물이 가득하게 하시고 이같이 땅을 예비하신 후에 그들에게 곡식을 주시는" 하나님을 자신의 현실에서 배제하고 소외시킨다. 그러므로 그 풍성한 소유를 놓고 당연히 그가 내리는 결론은 그것이다. "내 영혼아 여러 해 쓸 물건을 많이 쌓아두었으니 평안히 쉬고 먹고 마시고 즐거워하자!" 즉석에서 하나님께서 내린 판정은 그것이었다. "어리석은 자여!" 성경에서 어리석다는 말은 무지

하다는 말이 아니다. 악하다는 말이다. 그러므로 그는 그날 밤에 죽었다. 무식하다고 죽이는 법이 어디 있는가! 그 부자는 무식해서 생명을 빼앗긴 것이 아니라, 악했기 때문이다. 하나님 없이 사는 것이 악한 것이다. 이 비유를 말씀하신 예수님은 이 사람을 놓고 하나님께 부요치 못한 인간이라고 판정을 하셨다. 하나님이 "어리석다"고 판정하신 그 구체적인 내용이 무엇인가를 예수님이 설명하신 셈이다. 하나님께 부요치 않은 것이다. 헌금을 많이 하지 않았다는 말이 아니다. 구제사업을 많이 하지 않았다는 말도 아니다. 하나님께 드린 것이 없어서 하나님을 부요하게 하지 않았다는 말이 아니다. 우리는 어떤 경우에도 하나님을 가난하거나 부요하게 만들 수 없다. 부자 자신이 부요하지 않은 사람이라는 말이다. 무엇이 부요하지 않은가? 그는 하나님이 부요하지 않은 사람이다. 돈이 없으면 돈이 부요하지 않고 지식이 없으면 지식이 부요하지 않듯이, 그에게는 하나님이 없으니 그는 하나님이 부요하지 않은 사람이다. 하나님이 가난한 사람이라는 말이다. 그의 말이나, 사고 방식이나, 행동이나, 삶 가운데서 하나님을 찾을 수 없는 사람이라는 말이다. 그 자신에게서 하나님을 찾아보기가 어려워서 하나님이 없는 가난한 자라는 말이다. 돈이 없으면 물질이 가난한 사람이고, 지식이 없으면 지식이 가난한 사람이며, 하나님이 없으면 하나님이 부요하지 못한 사람이다. 갈대아 사람들은 철저하게 하나님에 대한 의식이 없이 사는 사람들이다. 자기가 신이 되고, 자기 사업이 잘되게 해주면 그것이 무엇이든지 신처럼 떠받들며 그 앞에 엎드리는 자들이다. 그러니 자연히 그들의 행동과 다른 사람들에 대한 처신은 악하고 매정하고 잔인하고 교만할 수밖에 없다. 이것이 또한 악이다. 이러한 모습으로 살게 된 근본적인 원인은 무엇인가? 하나님이 주신 것을 자기 스스로 잘나서 이룬 것처럼 살아버린 것이다. 다시 말하면 하나님과의 관계가 잘못된 것이 근본적인 원인이다. 하나님과의 관계가 잘못되면 결국 모든 것이 잘못되게 된다. 이렇고 놓고 보면, 하나님과 관계를 바르게 맺고 사는 것이 얼마나 중요한가를 깨닫게 된다. 하나님의 은혜를 은혜로 알고 겸손해야 한다.

하나님의 응답이 주는 의미

하박국의 부르짖음에 대한 하나님의 이와 같은 응답은 세 가지 관점에서 우리의 눈을 열어준다. 첫째는 하나님은 현실에 대하여 무관심하지 않다는 선언이다. 이것이 현실에 대한 하나님의 무관심을 탓하는 하박국의 항의에 대한 답이다. 하박국이 외치고 항의했던 것처럼 하나님이 내가 직면하는 역사 현실에 대하여 무지하지도, 무관심하지도, 무기력하지도 않고 손을 놓고 계시는 것도 아님을 분명히 선언하는 것이다. 400년 이상 애굽에서 종노릇 하며 한 많은 세상을 대대로 살아오고 있었던 이스라엘 백성을 두고 하나님이 어느 날 갑자기 모세를 가시 떨기나무 앞에 세워놓고 하신 첫 마디 말씀도 그것이었다. "내가 애굽에 있는 내 백성의 고통을 분명히 보았다. 그들의 감독자로 말미암은 부르짖음을 들었다. 그들의 근심을 안다"(출 3:7). 하나님이 우리가 경험하는 세상에서 일어나고 있는 일들에 대하여 무관심하거나 무지하시다고 생각하는 것은 다만 우리의 느낌일 뿐이다. 그것은 사실이 아니다. 우리가 경험하는 현실이 하나님의 다스림과는 판이하게 다르다는 사실에 대한 우리 자신의 절망감일 뿐이다. 하나님은 우리 삶의 현장에 없으신 적이 없다. 일어나는 일들을 미처 파악하지 못하신 적도 없다. 시편 139편의 시인은 이것을 확실하게 고백한다. 시간적으로든지, 공간적으로든지 하나님은 없으신 적이 없고, 무관심하신 적도 없다. 시편의 시인은 이 사실을 하나님은 졸지도 않고 주무시지도 않는다고 고백하지 않는가! 때때로 시인들이 "어찌하여 얼굴을 가리시나이까?" "돌아오소서" "일어나소서"라고 호소하는 것은 하나님의 부재를 느낄 만큼 답답한 자기의 현실을 말한 것이지, 하나님의 실체를 말하는 것이 아니다. "숨으시는 하나님", "하나님의 부재의 임재"는 우리 신자들에게는 놀라운 신비요, 현실적 힘의 근원이다.

갈대아에 대하여 자세하게 말씀하시는 내용을 보면서 분명하게 확인하는 것이 있다. 하나님은 하나님의 백성인 유다의 현실에 대하여만 아시는 것이 아니다. 이미 앞에서 확인한 것처럼 갈대아에 대하여도 속속들이 알고 계신다. 그들의 성품이 어떤지, 그들은 무엇을 가지고 있는지, 그들은 어떻게 악을 행하며 죄 가운데서 두려운 줄 모르고 지속적으로 죄를 범하며 살고 있는지 속속들이 다 알고 계신다(6-11절). 하나님께서 다 아신다는 것은 단순히 그의 인지능력을 말하는 것이 아니다. 그는 인지하실 뿐 아니라 통치하시고 다스리신다는 말이다. 갈대아의 악을 아실 뿐 아니라 그들을 처리하신다. 하나님은 교회에 대하여도 모든 것을 알고 계신다. 이사야에서도 그것을 인용한 요한계시록에서도 하나님을 한마디로 표현하는 하나님의 별명 가운데 하나가 그것이다. "나는 처음이요 나중이다." 이 표현이 드러내고자 하는 중요한 내용 가운데 하나는 하나님이 역사의 처음부터 끝까지 모든 것을 다 아신다는 말씀이다. 하나님이 역사를 시작하셨고, 역사를 끝내시는 분이라는 사실이다. 그러므로 주님께서 일곱 교회에 보내는 편지에서도 각 교회에 힘주어 하시는 말씀 가운데 하나는 "내가 …. 안다"는 것이다. 주님은 교회뿐 아니라 각 개개인에 대하여도 속속들이 알고 계신다. 주님은 우리의 머리털까지 다 세신다.

불의한 역사 현실에 대한 하나님의 무관심과 그 현장 가운데서 확인하는 하나님의 부재를 따져 물은 선지자에게 하나님은 이제 분명히 답하신다. 하나님은 그러한 현장을 다 알고 계시며 또 그 가운데서도 일하고 계신다고. 그리고 그 역사를 통치하신다고. 그러므로 5절은 "갈대아를 내가 일으킨다(I am raising up the

Babylonians)"는 것을 분명히 하신다. 바벨론이 유다를 심판하는 것은 바벨론이 일어나서가 아니다. 하나님이 그들을 일으키셨기 때문이다. 이 점에서 바벨론은 바벨론대로 우리는 우리대로 오해한다. 바벨론은 제가 일어나서 그렇게 강한 나라로 일어난 줄로 오해하고, 우리는 바벨론이 일어난 것을 보니까 하나님이 없다고 오해한다. 그러나 하나님이 일하고 계시는 것이다. 역사는 여전히 하나님의 계획과 뜻의 성취를 향하여 진행하고 있다. 우리에게는 하나님의 부재처럼 여겨지는 역사 현장에서도 하나님은 여전히 일하고 계신다. 이 사실을 아는 것은 우리 신앙인들을 얼마나 힘 있게 하며, 담대하게 하며, 인내하게 하며, 또한 지혜롭게 처신하게 하는가! "우리 하나님은 이 역사 가운데서 여전히 다스리고 계신다!"는 이 말은 우리 신앙인들에게 궁극적인 위로의 말씀이다. 그리고 때로는 경고의 말씀이다. 사실, 이것이 하박국 전면에 흐르는 중요한 주제이기도 하다. 이제 하나님은 하박국에게 이 사실을 점점 심도 있게 그리고 구체적으로 가르치기 시작한다. 그리고 하박국은 그 진리를 점점 배워가기 시작할 것이다. 이렇게 하박국은 하나님의 신론 강의에 이끌리고 있다.

둘째는 하나님은 하나님의 방법으로 응답하신다는 사실이다. 사실 하박국이 부르짖은 간구에 대하여 이러한 방식으로 하나님이 응답하시리라는 것은 상상도 하지 못한 일이다. 그렇기에 하나님도 이 사실을 밝히시기 전에, 들어도 믿지 못할 것이라고 하셨다. 하박국이 하나님의 처사에 대하여 가장 이해할 수 없는 문제도 바로 이것이었다. 그것은 우리도 마찬가지이다. 사업을 잘 일으켜서 선교와 전도에 모두 드리겠다며 새벽마다 기도했는데, 5년 못 넘기고 사업이 부도가 나버려도 아무렇지 않을 수는 없을 것이다. 아들은 신앙의 사람으로 키우겠다고 온갖 정성 다 쏟으며 방학 후 시험점수 하락을 각오하고 여름 과외와 학원도 포기시키면서 중등부 여름수련회에 아들을 보냈는데 수련회 이틀째 그 아들이 익사 사고를 당하여 시체가 되어 돌아온 엄마가 하나님의 선하신 뜻을 앞세우며 아무렇지도 않게 그 아들 장례 치른 다음 주일에 장례식 감사헌금을 들고 주일 예배에 나올 수는 없을 것이다. 하나님의 응답 이후 하박국은 마치 길길이 뛰듯 더 항변한다. 이런 하박국이 불신앙적인 무자격 선지자로 보이는 것이 아니라, 나와 똑같은 한 사람으로 이해된다. 그러나 이 대목을 곰곰이 생각하면 하나님은 하박국에게 이렇게 말씀하시는 듯하다. "내가 그 문제를 해결하겠다. 너의 부르짖음에 응답하겠다. 그러나 네가 요구한 방법이 아니라 나의 방법으로 응답하겠다!" 그리고 내놓으신 응답의 방법이 갈대아를 일으켜서 유다의 죄를 심판하신다는 이것이었다. 이해할 수도 없고, 믿을 수도 없고, 용납할 수도 없는 기상천외의 방법이었다. 이 사실로 하나님의 응답에 대하여 우리를 가르치고자 하는 것은 분명하다. 하나님의 시간에, 하나님의 방법으로, 하나님이 원하는 장소에서, 하나님이 응답하신다. 우리에게는 그의 자녀로서 하나님께 구할 권세가 있을 뿐, 우리가 원하는 시간에 우리가 원하는 장소에서 우리가 원하는 방법으로 우리의 간구를 응답하시라고 요구할 권한은 없다. 하나님이 우리의 요구에 순종해야 되는 것이 아니다. 우리가 하나님의 뜻에 순종해야 한다. 우리가 자주 오해하는 대목이 바로 이것이다. 100일 작정 기도를 하고 그때까지 아무런 일도 일어나지 않으면 하나님의 뜻이 아닌 줄 알고 포기하겠다고 하나님께 통보할 권한이 우리에게는 없다. 내가 기도한 방식대로 일이 진행되지 않는 것을 보니 하나님은 없다고 말할 수 없다. 하나님은 우리가 정해준 방식대로 응답해야만 하는 의무를 누구에게도 갖고 있지 않으시다. 상대적으로 순하고 착한 유다의 악을 더 잔인하고 악독한 갈대아를 일으켜서 쓸어버리겠다는 것이 하나님의 방법이었다. 이렇게 함으로써 하나님은 더 악한 갈대아보다 먼저 하나님의 백성으로 살기를 저버린 하나님의 백성을 심판하시려 한다. 그렇다고 악한 갈대아는 괜찮은 것이 아니다. 그 후에 갈대아도 심판하실 것이다. 그것이 2장의 선언이고 3장의 선언이다.

하나님은 응답하신다. 그러나 하나님의 방법으로 응답하신다. 하나님의 방법으로 하나님의 시간에 응답하신다. 때때로 우리는 하나님께 간구하면서 하나님이 응답하실 방법과 시간까지 정해주고 요구하는 잘못을 범한다. 앞으로 40일간 작정하고 기도하여 하나님이 응답하시면 그것이 하나님의 뜻인 줄 알고 응답이 없으면 안 하는 것이 하나님의 뜻으로 알겠다고 미리 선포하고 기도를 시작한다. 그렇다면 기도할 필요가 어디 있는가? 이미 내가 결정해놓은 것이 아닌가? 하나님은 얼마든지 우리의 기대와는 다른 방식으로 우리의 기도에 응답하실 수 있다. 그리고 그것은 결국 우리에게 가장 유익한 방법이고 가장 적절한 시간이다. 우리는 기도를 하나님과 거래하듯이 하기도 한다. 또는 하나님을 협박하고 공갈하듯이 하기도 한다. 내가 신학교 1학년이던 현충일에 어머니께서 뇌출혈로 쓰러지셨다. 급한 연락을 받고 병원 응급실에 달려가니 어머니는 이미 의식이 없었다. 그 옆에 아버지와 큰형님 그리고 내가 파랗게 질려서 서 있었다. 잠시 후에 의사 선생님이 오셔서 진지하게 말을 했다. "앞으로 24시간 안에 수술하지 않으면 생명을 건질 수 없습니다. 이미 출혈이 심하여 뇌를 누르고 있습니다." 아버지는 자식들에게 미안하여, "죽게 놓아두거라. 본인도 고생이고 너희들도 고생이다."라며 수술을 만류하셨다. 나는 그 병원의 기도실로 갔다. 정신을 잃고 기도하였다. 기도를 마치고 나오면서 시계를 보니 30분을 기도하였다. 퍼뜩 생각이 들었다. 30분간 무엇을 기도했지? 생각해보니 "하나님, 우리 어머니 좀 살려주세요. 하나님, 우리 어머니 좀 살려주세요. 5년 만이라도 더 살려주세요." 30분 내내 울며불며 소리 지르며 애원하며 내가 한 기도는 우리 어머니 좀 살려달라는 그 한 마디뿐이었다. 순간 벼락을 맞은 듯 내 머리를 스쳐 가는 것이 있었다. 그동안 나는 얼마나 여유작작한 상태로 기도하였는가! 정말 상황이 급해지고, 정말 하나님이 아니면 길이 없다고 느껴지니 다른 말은 생각도 나지 않았다. "우리 어머니를 살려주시면 하나님의 영광이 드러나고, 많은 사람이 예수를 믿게 될 것이니…. 어머니가 잘못되면 교회에서도 주님의 영광이 가려지고…. 우리 어머니를 살려주시면 제가 더 충성하여 주를 위하여…." 이런 말들은 너무 사치스럽고, 너무 여유가 넘치는 한가로운 말이며, 하나님과 거래하거나 하나님을 협박하는 것일 뿐이라는 생각이 나를 사로잡았다. 이 깨달음이 평생 나의 기도 생활에 큰 변화를 가져오는 계기가 되었다.

셋째, 하나님이 주신 복된 질서를 거부한 백성에 대한 하나님의 심판이다. 유다를 저 강력한 힘으로 온갖 잔인과 악독과 교만을 자행하는 바벨론의 지배 안에 두시는 이 사실이 이스라엘 백성에게는 무엇을 의미하는가? 이스라엘 사람들은 이웃들에게 강포를 행하고 겁탈을 행하며 하나님이 은혜로 주신 율례들을 무시하고 공의를 저버렸다(1:2-4). 즉 하나님이 그들에게 주신 은혜로운 질서를 거부한 것이다. 그리고 각자의 욕망과 이기심을 따라 살아버렸다. 그러므로 하나님은 이제 유다에게 하나님의 질서가 아니라 바벨론의 질서가 지배하도록 하실 것이다(cf. 현대성서주석, 하박국 74). 하나님의 율례를 하찮게 여겼으므로 이제 바벨론의 법이 저들을 다스릴 것이다. 하나님의 공의를 무시하였으므로 이제 바벨론의 의가 저들을 지배할 것이다. 저들은 자기의 힘을 신으로 삼고 사는 사람들이다. 유다도 이제 그렇게 사는 세력이 다스리는 세상을 살아야 한다. 긍휼이 아니라 무자비한 폭력이 유다 사회의 질서가 되는 세상을 살아야 한다. 우리가 바벨론의 여러 강변 거기에 앉아서 시온을 기억하며 울었도다"로 시작하는 시편 137편은 은혜를 함부로 여기다가 마침내 은혜를 빼앗기고 우는 자들의 처참함을 읊고 있다. 예배를 별것 아닌 오히려 거추장스러운 것으로 여기며 살던 자들이 예배의 장소와 기회와 자유를 빼앗긴 후에 뼈에 사무치는 탄식을 토로하는 장면이다. 은혜로 하나님의 율례와 질서 안에 살고 있는 우리 신자로서 오늘을 어떻게 살아야 되는지 두려움으로 깊이 생각해야만 한다. 그의 백성에게 은혜로 주신 하나님의 복된 질서를 무시하고 거부하고 살아서는 안 된다. 하나님께서는 그 은혜의 질서를 포악한 다른 질서로 대체하실 수 있다. 그것은 징계요 심판이다. 사도 바울의 말씀에 귀를 기울여야 한다. "은혜를 헛되이 받지 말라… 보라 지금은 은혜 받을 만한 때요 보라 지금은 구원의 날이로다"(고후 6:1). 은혜와 구원이 넘쳐나는 때라는 선언임과 동시에 지금이라는 이 기회가 지나면 다시는 없다는 경고의 말씀이기도 하다. 요한계시록의 표현대로 하자면 하나님께서는 촛대를 옮겨버릴 수도 있다. 오늘날 우리 신앙인들이, 그리고 한국의 교회들이 심각하게 스스로 돌아보아야 할 문제가 바로 이것이다.

하박국 1:12-17

¹² 선지자가 이르되 여호와 나의 하나님, 나의 거룩한 이시여 주께서는 만세 전부터 계시지 아니하시니이까 우리가 사망에 이르지 아니하리이다 여호와 여 주께서 심판하기 위하여 그들을 두셨나이다 반석이시여 주께서 경계하기 위하여 그들을 세우셨나이다 ¹³ 주께서는 눈이 정결하시므로 악을 차마 보지 못하시며 패역을 차마 보지 못하시거늘 어찌하여 거짓된 자들을 방관하시며 악인이 자기보다 의로운 사람을 삼키는데도 잠잠하시나이까 ¹⁴ 주께서 어찌하여 사람을 바다의 고기 같게 하시며 다스리는 자 없는 벌레 같게 하시나이까 ¹⁵ 그가 낚시로 모두 낚으며 그물로 잡으며 투망으로 모으고 그리고는 기뻐하고 즐거워하여 ¹⁶ 그물에 제사하며 투망 앞에 제사하오니 이는 그것을 힘입어 소득이 풍부하고 먹을 것이 풍성하게 됨이니이다 ¹⁷ 그가 그물을 떨고는 계속하여 여러 나라를 무자비하게 멸망시키는 것이 옳으니이까

04

더욱 거세지는 항변

– 이러시면 하나님이 아니신 거지요!

선지자는 예상 밖의 답변을 하나님께로부터 받은 셈이다. 하나님의 답변은 선지자가 더 큰 혼란과 딜레마에 빠지게 하는 내용이었다. 기도에 대한 "응답"이라는 점에서는 기쁨이요 은혜이다. 그러나 응답의 실제 내용이 무엇인가를 놓고 보면 실망과 허탈과 분노를 불러일으킨다. 기도의 응답이 기대한 것과는 다르게 턱없이 실망스럽기 때문이다. 기도의 응답이 반드시 내가 요청한 내용과 방식대로 이루어질 필요는 없다. 아뢰고 간구하는 것은 우리의 일이지만, 응답 내용과 방식을 정하는 것은 하나님의 일이다. 어떤 내용을 어떤 방식으로 응답하시라고 하나님께 정해드릴 권한은 우리에게 없다. 다만 한 가지 사실은 확실하다. 그 응답이 무엇이든지, 어떤 방식이든지, 결국은 나에게 유익한 것이요, 좋은 것이라는 사실이다. 예수님은 이렇게 말씀하셨다. "너희 중에 누가 아들이 떡을 달라 하는데 돌을 주며 생선을 달라 하는데 뱀을 줄 사람이 있겠느냐 너희가 악한 자라도 좋은 것으로 자식에게 줄 줄 알거든 하물며 하늘에 계신 너희 아버지께서 좋은 것으로 주시지 않겠느냐"(마 7:9-11). 하나님이 주시는 것이면 모든 것이 다 좋은 것이다. 이런 점에서 기도란 무엇을 어떻게 이루어냈느냐보다 훨씬 더 중요한 본질을 가지고 있다. 기도란 무엇을 얻어냈는가 이전에 하나님과의 관계의 표현이라는 점이다. 그리고 이 관계의 핵심은 하나님에 대한 신뢰이다.

응답받은 자의 반응

어이없는 응답을 받은 선지자는 즉석에서 "뭐라고요?"하고 고개를 치켜들며 묻고 있는 듯하다. 화급히 두 번째의 항변을 쏟아놓는다. 선지자는 하나님의 처사와 정면으로 맞서는 자기의 주장을 펼치기 전에 먼저 하나님이 어떤 분이신가를 장황하게 고백한다. 다급하게 하나님을 불러대며 자신의 신론을 하나님 앞에 펼쳐놓는다. "선지자가 이르되 여호와 나의 하나님 나의 거룩한 이시여 주께서는 만세 전부터 계시지 아니하시니이까 우리가 사망에 이르지 아니하리이다 여호와여 주께서 심판하기 위하여 그들을 두셨나이다 반석이시여 주께서 경계하기 위하여 그들을 세우셨나이다 주께서는 눈이 정결하시므로 악을 차마 보지 못하시며 패역을 차마 보지 못하시거늘"(12-13a). "당신은 나의 하나님 곧 내 편입니다. 당신은 거룩한 분입니다. 당신은 만세 전부터 계신 분, 곧 역사를 다스리시는 분입니다. 당신은 우리의 구원자, 언약의 하나님입니다. 당신은 악인들을 심판하시는 분입니다. 당신은 정의로운 분입니다. 악을 절대로 용납할 수 없는 분입니다. 패역을 눈감을 수 없는 분입니다." 그는 하나님에 대하여 매우 정확하고 수준 높게 이해하고 있다. 그의 조직신학에는 전혀 문제가 없다. 그의 신론은 매우 성경적이다. 그러나 그는 이러한 고백을 디딤돌 삼아 다급하게 항변을 계속한다. "어찌하여 거짓된 자들을 방관하시며 악인이 자기보다 의로운 사람을 삼키는데도 잠잠하시나이까 주께서 어찌하여 사람을 바다의 고기 같게 하시며 다스리는 자 없는 벌레 같게 하시나이까 그가 낚시로 모두 낚으며 그물로 잡으며 투망으로 모으고 그리고는 기뻐하고 즐거워하여 그물에 제사하며 투망 앞에 분향하오니 이는 그것을 힘입어 소득이 풍부하고 먹을 것이 풍성하게 됨이니이다 그가 그물을 떨고는 계속하여 여러 나라를 무자비하게 멸망시키는 것이 옳으니이까"(13b-18). 하박국이 하나님을 몰아붙이는 논리는 분명하다. "내가 아는 신론에 의하면 당신은 그렇게 하면 안 됩니다. 당신이 하나님이 맞다면 그렇게 하지 마십시오. 만약 그렇게 하시면 당신은 하나님이 아닙니다."라고 주장하는 셈이다. 요나가 하나님은 공의의 하나님이라는 신론을 내세워 니느웨를 심판하지 않으면 하나님이 아니라고 분노하면서 긍휼의 하나님을 비아냥거리고 무시했던 모습을 그대로 하박국에게서도 보는 듯하다. 하나님을 자신이 고백한 분으로 안다면 그리하실 줄 믿고 그분의 처사를 순순히 따르면 된다. 당신은 그런 분인데 이렇게 하면 하나님이 아니라고 따질 이유가 없다. 수준 높은 개혁신학의 어떤 내용으로 자기 자신의 처신을 정당화하거나 개인적 욕심을 관철하는 방편으로 사용할 때 우리는 그것을 허접한 삼류 신학으로 변질시켜버리게 된다.

하박국의 수준 높은 신론 고백은 결국 다음 말을 하려고 내놓은 디딤돌일 뿐이었다. 첫 번째 탄원처럼(2, 3절) "어찌하여" "어찌하여"를 다시 반복하고 있다(13, 14절). 갈대아 사람이 유다를 심판한다니! 갈대아 사람은 어떠한 사람인가? 선지자는 너무나 잘 알고 있다. 갈대아 사람은 악한 자요, 패역한 자요, 궤휼한 자들이요, 악인들이다(13절). 갈대아 사람에 비하면 유다의 악인(4절)은 오히려 의인이다(13절). 갈대아 사람들이 얼마나 악한 자들인지는 하나님이 더 잘 아신다. 하나님 자신이 그들의 유례없는 악행을 그렇게나 긴 설명으로 선지자에게 밝혀주시고 있지 않은가(1:6-11)! 우리는 갈대아 사람들을 가리켜 "그들은 유다의 악인보다도 훨씬 더 악한 사람들이었습니다."라는 식으로 요약해버리고 지나가지 않아야 한다. 본문이 현장을 생생하게 펼쳐내기 위하여 동원하고 있는 그림 언어들을 요약된 개념 언어로 쉽사리 대치해버리는 경향이 우리에게 있음을 유의해야 한다. 그들의 악함이 선히 떠오르도록 6–11절의 구체적인 모습들을 잘 살펴보아야 한다. 그러면 우리는 갈대아 사람들이 어떻게 악한 자들인가를 실감하게 될 것이다. 그러면 우리도 항변하는 선지자의 심정을 공감하게 될 것이다. 그리하여 선지자가 겪을 과정을 공감하며 그가 이른 결론을 향하여 우리도 이끌리게 될 것이다. 즉, 선지자가 그렇게 하나님께 대들며 따져 묻는 것도 무리가 아니며, 나라도 그렇게 하겠다는 마음을 갖게 되는 것이다. 그러고 나면 그 상황에서 풀어야 할 문제를 직면하게 되고, 그 과정에서 우리는 본문이 우리에게 말하고자 하는 새로운 메시지를 확인하게 된다. 그렇지 않으면 우리는 아주 쉽게, 선지자라는 사람이 뭐 이래? 이렇게 불신앙적인 태도로 하나님께 대드는 사람이 선지자 맞아? 하고는 우리는 이런 불신앙적인 짓을 하지 말자고 쉬운 결론을 내리는 바람에 본문이 정말 하고 싶은 말을 놓치는 경우가 허다하다. 이러한 원리는 2장의 두 번째 답변에서 다섯 번에 걸쳐 바벨론의 죄악의 실상을 들추어내는 장면에서도 동일하게 적용될 수 있다(2:6-20).

계속되는 질문

하박국은 왜 유다의 악한 자들에 대하여 잠잠하시냐고 항의하였
다. 그리고는 그들보다 더 악한 갈대아를 동원하여 유다를 심판하
겠다는 하나님의 답변을 들었다. 선지자는 이전보다 더 큰 딜레마
에 빠져들고 말았다. 유다 사회에 악과 패역과 궤휼을 일삼는 악인
들이 아무런 제재 없이 방치된 현실도 감당키가 어려운데, 오히려
한발 더 나아가 더 악한 자가 덜 악한 자를 심판하게 하신다니!(13
절). 그리하여 선지자는 마치 소나기 퍼붓듯 두 번째 항변을 하나
님께 쏟아붓고 있다. 12절은 하나님에 대한 항변의 수사학적 표현
인가, 아니면 선지자의 하나님에 대한 진심 어린 신앙고백인가?
유다를 심판하기 위하여 갈대아 사람을 택하신 것이 주의 백성에
게 반석이시요 만세 전부터 언약의 하나님(여호와)이신 하나님의
존재에 걸맞는 것입니까 하는 항변의 수사학적 표현이라고 생각할
수 있다. 그런가 하면 언약 관계에 대한 회상을 근거로 하여 내놓
는 선지자의 신앙고백으로 이해할 수도 있다. 이 견해를 취한다면,
선지자는 그러한 고백을 한 후에도 여전히 회의가 풀리지 않아서
13절부터 하나님에 대한 질문을 쏟아놓고 있다는 것으로 해석이
될 것이다. 선지자는 질문한다. 눈이 정결하셔서 악을 차마 보지
못하시며 패역을 차마 보지 못하시는 분이 어찌하여 궤휼한 자들
을 잠잠하시며 어찌하여 악인이 자기보다 의로운 사람을 삼키되

잠잠하시나이까(13절)? 선지자는 하나님이 하나님이시기를 포기하신 것이냐고 묻고 있는 듯하다. 선지자는 이어서 질문한다. 어찌하여 사람으로 바다의 어족 같게 하시며 주권자 없는 곤충 같게 하시나이까(14절)? 하나님과의 언약 관계를 들이밀며 따지고 있다. 하나님의 언약 백성(사람)을 버린 자식같이(바다의 어족같이) 여기시고, 하나님은 그 백성의 주권자 되기를 포기하신 것입니까? 선지자는 다시 다음 질문을 던진다(15-17절). 자신의 힘과 권세를 우상화하고, 불의한 소득으로 자랑을 삼는 저들을 그대로 방치하시고, 그들이 계속 열국을 살육하도록 하시는 것이 옳은 것입니까? 어느 때까지 그렇게 하실 것입니까? 이것이 하나님 공의에 맞는 처사인지를 따지고 있다.

그러나 사실 가만히 생각해보면 하나님께서 처음부터 이런 상태로 그의 백성들이 살아가도록 하신 것은 아니다. 하나님의 복된 은혜의 질서 아래서 복된 하나님 백성의 삶을 살도록 보장하셨다. 오랜 세월 전에 여리고 정탐에서 기생 라합의 말을 듣고 확인했던 것은 여기에서도 사실이라고 할 수 있다. 이들이 갈대아 사람들을 보고 놀라서 혼비백산한 것이 아니다. 그들이 이스라엘을 보고 소문만 듣고도 숨이 멎을 만큼 놀라도록 하나님이 이들에게 하셨다. 그러나 지금은 세상이 완전히 뒤집어지고 말았다. 이렇게 뒤집어진 세상을 놓고 하박국은 모든 신자의 대표가 되어 항변하여 하나님을 찾고 있다. 우리에게는 못된 습관이 있다. 하나님을 삶 속에서 의식하는 것은 하나님께서 지금까지 베푸시던 긍휼의 일부를 거두어 가실 때만 불평으로써 비로소 하나님을 의식한다. 하나님의 긍휼과 베푸신 은혜를 누리며 살고 있는 동안은 하나님을 철저하게 잊어버리고 저절로 사는 것처럼 방자하게 산다. 인생이란 그렇게 재미있고 순탄하게 사는 것이 당연한 것처럼 살아간다. 우리는 하나님이 은혜를 거두어 가실 때에야 마치 내 것을 하나님께 빼앗기기라도 한 것처럼 투정하고 분노하며 하나님을 의식한다. 하나님의 사랑은 그것이 가장 많이 나타나는 곳에서 가장 적게 인정받는다. 하나님은 은혜를 가장 많이 베푼 사람들에게 가장 적게 기억된다. 은혜를 빼앗아버릴 때에야 사람들은 은혜를 주신 하나님이 아니라, 은혜를 빼앗아버린 하나님을 가장 많이 기억한다. 정말 억울한 이는 우리가 아니라, 하나님이시다. 이것은 우리 인간이 얼마나 타락했는가를 극명하게 보여주는 서글픈 증거이다. 은혜가 쏟아질 때는 더 이상 하나님이 필요 없어서 하나님을 잊어버리고, 은혜가 거두어질 때는 더 이상 하나님이 없는 것 같아서 하나님을 버리고 떠나간다. 이래저래 인간은 자기 힘으로는 하나님을 기억하지도 만나지도 붙잡지도 못한다. 불행한 존재이다. 찾아오시는 하나님, 기다리시는 하나님, 십자가에서 죽으시는 하나님이 아니었으면 우리는 짧은 한평생 사는 동안 벌써 열두 번도 더 망하고 골백번도 더 죽었어야 한다.

하나님은 누구신가?

12–17절에서 선지자가 쏟아놓고 있는 하나님에 대한 진술을 가만히 들어보면 참 은혜롭다. 하박국은 하나님이 공표하신 앞으로의 하나님 처신이 자기가 믿는 하나님, 자기가 아는 하나님과 너무나 맞지 않아서 다시 한번 자기가 믿는 하나님을 고백하며 확인한다. 자기의 신학과 신앙이 확고하게 붙잡고 있는 신론을 근거로 하나님은 어떠한 분이신가를 다시 한번 확인한다. 하나님, 당신은 이런 분이 아닙니까? 제가 신학적으로 신앙적으로 하나님을 잘못 알고 있는 것이 아니지 않습니까 하고 조목조목 확인하는 듯하다.

만세 전부터 계시는 역사의 주관자이신 거룩하신 하나님(12절), 공의로우신 하나님(13절), 자기 백성의 주권자이신(그래서 자기 백성을 버리지 않으시는) 언약의 하나님(14절 이하)이 하박국이 이 상황에서 재확인하는 신론의 핵심 주제이다. 사실 선지자는 자기가 고백하고 있는 하나님과 현실에서 경험하는 하나님 사이의 괴리감 때문에 신음하며 그 문제를 하나님께 따져 묻고 있다. 여기서 신학과 현실 사이의 괴리로 괴로워하며 그 답을 찾아 나가는 한 사람의 모습을 주목할 수 있다. 사실, 선지자의 항변은 이런 일이 있는 것을 보니 하나님은 그런 하나님이 아니라고 말하는 것이 아니다. 하나님은 이런 분이고 그렇게 배웠고 그렇게 확신하고 있는데, 조직신학 시험에서 좋은 점수도 얻었는데, 현실에서 보니 다 헛소리라고 하나님을 조롱하고 빈정대는 것이 아니다. 현실을 기준으로 하나님을 의심하는 것이 아니라 하나님을 기준으로 현실에 의문을 제기하는 것이다. 하나님은 그러한 하나님이므로 이런 일이 있어서는 안 된다는 것을 하소연하고 있다. 우리는 얼마나 쉽게 현실에서 직면하는 문제들을 근거로 하나님은 안 계신다거나 하나님은 역사의 주인이 아니시라는 식의 결론을 내리고 하나님과 멀리서기를 결단하는 어리석음에 빠지곤 하는가. 철저히 우리 자신을 다시 돌아보게 된다.

이스라엘이 갈대아보다 의롭다는 것은 사실인가?

유다는 바벨론보다 덜 악하다는 하박국과 그에 동조하는 우리의 생각은 과연 옳은가? 하박국이 가장 견디기 힘들어한 것은 갈대아 사람들같이 악한 자들이 훨씬 덜 악한 유다를 심판하게 하신다는 점이었다. 갈대아가 유다보다 더 악하다는 것은 우리의 관점에서는 맞을 수 있다. 그러나 하나님의 관점에서도 그럴까? 선지자 아모스의 견해를 따른다면 이스라엘은 다른 모든 주변의 이방 국가들보다 더 악하다고 보아야 했다. 왜냐하면 이스라엘은 다른 이방 족속들보다 더 많은 것을 받았기 때문이다. 아무 민족에게도 율법이 주어지지 않았으나 이스라엘은 율법을 받았다. 이스라엘 외에는 어떤 민족도 "너희는 모든 민족 중에서 내 소유(보물)가 되겠고, 너희는 내게 대하여 제사장 나라가 되며, 거룩한 백성"(출 19:5-6)이라는 특별한 지위를 부여받지 못했다. 하나님께서 이스라엘은 완전히 다른 특별한 사람들이라고 세상 앞에서 이스라엘을 들어서 보여주시면서 선언하신 것이나 다름없다. 하나님이 우리 신자들에게 주신 특별한 지위가 그것이다. 신자들은 하나님의 특별한 편애를 받고 사는 족속들이다. 세상도 그것을 안다. 그러므로 세상은 신자를 향하여 자기들은 살 수 없는 삶을 살 것을 기대한다. 기대할 뿐만 아니라 그러한 삶을 살아 보여달라 요구할 권한을 갖고 있다. 이스라엘은 하나님이 그들과는 다른 차원의 존재로 구별하셨고 특별한 존재로 인정받는 사랑을 받았기 때문이다. 이러한 관점을 취한다면, 예를 들어 그리스도인은 5백만 원의 뇌물밖에 받지 않았는데 5억씩의 뇌물을 받는 세상의 더 악한 저들이 교회의 죄를 지적하며 핍박한다고 열을 올리곤 하는 우리의 모습이 정당하지 않다는 것을 알 수 있다. 세상은 아무리 뇌물을 받아도 우리는 한 푼도 받아서는 안 되는 거룩한 사람들이다. 사는 기준이 다른 특별한 사람들로 부름 받은 사람들이다. 동일한 행위가 어떤 사람들에게는 누구나가 하는 당연하고 정당한 행위가 되는가 하면, 다른 어떤 사람들에게는 그것이 오히려 죄가 되는 경우들이 있다. 기준이 다르기 때문이다. 자기를 해롭게 하고 부당하게 손해를 끼친 사람에게 가서 따지고 되갚아주는 행위는 세상 법으로나 상식과 도덕으로도 전혀 잘못한 것이 아니고 오히려 당연하다. 그렇게 하지 않는 것이 오히려 바보 같은 짓이다. 그러나 어떤 사람은 자기를 해롭게 한 사람을 용서하지 않고 가서 따지고 면박을 주었다는 사실 때문에 큰 죄를 지은 것처럼 괴로워하고 자책하면서 새벽마다 통곡하며 회개하는 사람도 있다. 사람이 못나고 세상 물정을 몰라서가 아니다. 기준이 달라서이다. 그는 하나님의 보물, 세상을 위한 제사장, 하나님의 거룩한 백성이라는 특별한 신분으로 선택받기 때문이다. 그것이 세상 속에서 신자라 불리며 사는 우리다. 이 기준에 의해서 보면 죄상은 우리가 세상보다 덜할지 모르나 죄질은 더 나쁠 수도 있다는 사실을 알아야 한다. 이 기준 때문에 유다가 하나님을 거역한 것과 갈대아가 하나님을 거역한 것은 죄질이 같지 않다.

우리는 얼마나 쉽게
현실에서 직면하는 문제들을 근거로
하나님은 안 계신다거나
하나님은 역사의 주인이 아니시라는 식의
결론을 내리고 하나님과 멀리서기를
결단하는 어리석음에
빠지곤 하는가.

새롭게 만나는
하나님

하박국 2장

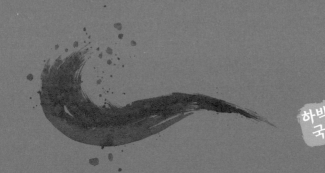

하박
국

보여주시는 것을
보겠습니다

하박국 2:1

¹ 내가 내 파수하는 곳에 서며 성루에 서리라 그가 내게 무엇이라 말씀하실는지 기다리고 바라보며 나의 질문에 대하여 어떻게 대답하실는지 보리라 하였더니

돌변

– 입을 다물고 눈과 귀를 엽니다

입을 다물고 귀를 열다

두 번째 항변을 쏟아놓은 선지자는 문득 질문을 멈춘다. 그리고 태도가 돌변한다. "내가 내 파수하는 곳에 서며 성루에 서리라"(2:1a). 선지자 하박국은 지금까지 정신없이 항변을 쏟아내던 입을 다물고 이제 눈을 열고 귀를 열어서 하나님이 무슨 말씀을 하실지 집중하여 기다리기로 결단한다. 그는 이러한 심정을 담아 "내 파수하는 곳에 서며 내 성루에 서리라"고 선언한다. 그리고 "그가 내게 무엇이라 말씀하실는지 기다리고 바라보며 나의 질문에 대하여 어떻게 대답하실는지 보리라"(2:1b)고 결심한다. "파수하는 곳", "성루"는 군대 용어다. 마치 전쟁터에서 경비를 서는 보초의 모습을 보는 것 같다. 보초는 개미 한 마리 기어가는 소리라도 놓치지 않고 낙엽 한 잎 떨어지는 모습도 놓치지 않으려고 모든 신경을 곤두세워 초긴장 상태로 주의를 집중한다. 군인 출신인 선지자가 이제 모든 것을 그만두고 부대로 복귀하겠다는 말이 아니다. 이것은 일종의 비유다. 실제로 구약에서 선지자들은 흔히 파수꾼으로 언급되었다(사 21:6, 12; 겔 3:17, 21, 32:1, 9; 호 9:8). 파수대와 성루는 높이 있어서 멀리 볼 수 있는 곳이다. 파수대에 서며 성루에 선다는 것은 정신을 차리고 바짝 긴장하여 눈앞을 살필 뿐만 아니라, 동시에 멀리 바라보며 살피는 것을 의미한다. 실제로 이어지는 하나님의 응답을 통하여 그는 눈앞에서 펼쳐지는 현실을 넘어, 긴 역사를 두고 하나님이 어떻게 진행하실 것인가를 알아차리기에 이른다. 무엇이 계기가 되었는지, 어떻게 이런 결단을 하게 되었는지는 알길이 없다. 그러나 하박국은 태도를 바꾸고 있다. 내가 보는 것을 왜 못 보시냐고, 내가 보여드리는 것을 왜 안 보시냐고 따져 묻던 그가 아니었던가? 내가 들려드리는 말을 왜 안 들으시는 거냐고 대들던 그가 아니었던가? 그런데 이제 자기 말을 쏟아내던 입을 다문다. 눈을 열어서 하나님이 보여주시는 것을 보기로 한다. 귀를 열어서 하나님이 들려주시는 것을 듣기로 결단한다. 그것을 위하여 전쟁터의 보초처럼 정신을 바짝 차리고, 신경을 곤두세우며, 긴장하여 기다리기로 태도를 바꾼다. 흩어진 나그네로 고난의 현실을 살아가는 성도들에게 사도 베드로가 첫 번째 서신 초두에 한 말이 떠오르게 한다. "그러므로 너희 마음의 허리를 동이고 근신하여 예수 그리스도께서 나타나실 때에 너희에게 가져다 주실 은혜를 온전히 바랄지어다"(벧전 1:13).

이것은 선지자가 무엇보다도 본래의 제 위치 혹은 본연의 임무로 돌아가겠다는 의식적이고 의지적인 태도의 변화이다. 이것이야말로 선지자에게는 가장 중요한 본래의 임무이다. 선지자는 말하기 전에 먼저 듣는 자이다. 그리고 들은 것을 대언하는 자이다. 하나님의 말씀을 듣지 않고, 하나님이 보여주시는 것을 보지 않고 선지자 행세를 하는 자는 거짓 선지자이다. 그가 무슨 말을 하든지 그것은 하나님의 말씀이 아니다. 그러므로 예레미야서에서도 하나님은 거짓 선지자들을 향하여 책망하신다. "그들이 말한 묵시는 자기 마음으로 말미암은 것이요 여호와의 입에서 나온 것이 아니니라"(렘 23:16). "누가 여호와의 회의에 참여하여 그 말을 알아들었으며 누가 귀를 기울여 그 말을 들었느냐"(렘 23:18). "그들이 만일 나의 회의에 참여하였더라면 내 백성에게 내 말을 들려서 그들을 악한 길과 악한 행위에서 돌이키게 하였으리라"(렘 23:22). 하박국 선지자는 지금까지 이 현실에 대한 자기의 말을 하나님께 쏟아내는 자리에 있었다. 그러나 이제 이 현실에 대한 하나님의 말씀을 듣고자 한다. 지금까지 그는 현실을 고민하며 하나님께 도전적으로 질문하는 위치에 있었다. 이제는 고요히 기도하며 하나님을 바라보며 기다리기로 태도를 바꾼다. 주객을 바꾸기로 한 것이다. 하나님이 주체가 되고 자신이 객체가 되기로 한 것이다.

모든 신자가 취해야 할 자세

이것은 선지자만이 아니라, 모든 하나님의 백성들이 취해야 할 본연의 모습이다. 우리는 때로 입을 다물고 대신 귀를 열어 하나님의 음성을 듣는 모습으로 우리의 자세를 바꾸어야 한다. 하나님이 보여주시는 것, 하나님이 보라고 하시는 것을 보려고 기다려야 한다. 내가 보고 있는 것을 왜 못 보시냐고, 하나님께 질러대는 아우성을 잠시 멈추어야 한다. 이해할 수 없는 현상에 혼비백산하여 호들갑을 떨며 현상에 매몰되지 말고, 이 현상 속에 담아놓으신 하나님의 시대를 향한 징조가 무엇인가를 알아차리는 일에 몰입하여야 한다. 하나님께 왜 내가 하라는 것을 행하지 않으시는 거냐고, 그러고도 하나님이신 것이 맞느냐고 대들던 격렬한 항변을 멈추어야 한다. 그리고 조용히 하나님께서 행하시는 것을 보기 위하여 입을 다물고 기다려야 할 때가 있다. "너희는 떨며 범죄치 말지어다 자리에 누워 심중에 말하고 잠잠할지어다"(시 4:4)라고 했던 다윗의 경고를 가슴에 담아야 할 때가 있다.

이것은 다름 아닌 기본으로 돌아가는 것이다. 본연의 자리로 돌아가는 것이다. 일이 안 풀릴수록, 일이 복잡하게 얽히고 상황이 점점 미궁에 빠져들수록, 시급히 해야 할 것이 있다. 기본으로 돌아가는 것이다. 해결책을 찾겠다고 허둥대며 돌아다니고, 이런저런 비책들을 찾아 대응하려고 하면 일이 더 꼬이고 더 악화될 뿐이다. 기본으로 돌아가야 한다. 몰락하고 있다고 교회 안팎에서 아우성인 한국교회가 시급히 취해야 할 처신도 바로 이것이다. 기본으로 돌아가는 것이다. 기본으로 돌아가는 것은 곧 하나님께로 돌아가는 것이다. 하나님께로 돌아가는 것은 구체적으로 하나님의 말씀으로 돌아가는 것이다. 이제 입을 다물고 귀를 열어 하나님의 말씀을 들어야 한다. 자기의 성공과 번영을 위하여 분주하게 놀리던 손발을 멈추어야 한다. 전쟁터 파수대의 보초처럼 긴장하여 하나님이 보여주시는 것을 보려고 주목하여야 한다.

말하기 전에 들으라

하나님의 말씀을 먼저 들은 후에야 드디어 할 말을 갖게 된다는 이 원리는 반드시 선지자에게만 해당되는 것은 아니다. 오늘날 모든 설교자에게도 진리이다. 강단에서 회중을 향하여 말하는 자가 되기 전에 반드시 하나님께 먼저 듣는 자가 되어야 한다. 그렇지 않으면 하나님과 상관없이 자기의 말을 하게 된다. 사실 한국교회가 이렇게 형편없이 무너져 내리고, 세상으로부터도 모욕당하는 혹독한 현실에 던져지게 된 근저에는 이 문제가 도사리고 있다. 강단은 하나님의 말씀을 듣고 대언하는 자리여야 한다. 그간 우리의 강단은 성공과 건강과 번영을 위한 모든 인간의 말들이 하나님의 이름을 빙자하여 난무하는 자리가 되어 왔다. 부와 건강의 복음이 강단과 교회에 넘실거리는 동안 하나님은 침묵하셨다. 하나님의 침묵은 교회 안에 하나님 부재라는 현상을 초래하였다. 불행하게도 하나님의 말씀 없이도 교회는 부흥만 잘 되고, 하나님의 말씀 없이도 교인들은 잘만 살아지는 지난 수십 년을 지내왔다. 그러면서 온 세계를 향하여 한국교회가 받은 복을 보라며 자랑스럽게 간증해왔다. 우리는 아무런 문제도 없는 것처럼 스스로 속아 살아온 것이다. 지금 와서 돌아보니 그것은 복이 아니었다. 재앙을 쌓아오고 있었다. 그리고 지금 그 대가를 혹독하게 치르고 있다. 세상으로부터 능욕당하고 있는 한국교회의 설교자들이 가장 크게 회개해야할 것은 바로 이것이다. 파수대에 서서 하나님의 말씀을 듣고 강단에 오르는가? 강단에 오르기 전에 먼저 성루에 올라 하나님의 말씀을 들었는가?

이것은 반드시 설교자만의 문제는 아니다. 신자들도 마찬가지이다. 강단을 향하여 듣고 싶은 말, 부담 없는 말, 가려운 귀를 긁어줄 달콤한 말을 하라는 요구를 쏟아내기 전에 하나님의 말씀을 들어야 한다. 설교자이건 신자이건 한국교회는 이제 파수대에 오르고 성루에 올라 하나님의 말씀을 기다리며 하나님의 말씀을 듣는 자리로 돌아가야 한다. 그것이 급선무이다. 그것이 이제라도 살길을 찾아 나서는 진정한 모습이다. 우리의 기도도 마찬가지다. 나의 말을 쏟아놓는 하소연의 자리이기 전에, 하나님의 말씀을 듣고 하나님의 뜻을 확인하기 위하여 기다리는 자리가 되어야 한다. 하나님께 나의 요구를 쏟아내는 자리이기 전에, 하나님과 나의 관계를 제대로 확인하는 자리가 되어야 한다. 모욕당하는 한국교회의 지금 이 상황은 도덕성과 윤리 수준이 떨어져서 발생한 문제가 아니다. 그것은 원인이 아니라 결과다. 한국교회의 도덕성과 윤리 수준이 파탄 난 것은 하나님의 말씀 없이 살아서 된 일이다. 직설적인 말로 하면 신앙생활을 제대로 하지 않아서 초래된 문제이다. 더 직접적인 말로 하자면, 예수를 제대로 믿지 않아서 벌어진 사태다. 도덕 수준이 높아지면 교회가 되는 법은 없지만, 신앙 수준이 높아지면 반드시 도덕 수준이 높아지게 된다. 그동안 우리의 기도는 하나님이 말씀하시는 것을 듣고 하나님이 보여주시는 것을 보려는 기다림이 아니었다. 하나님께 내가 원하는 것을 들으라는 아우성이었다. 내가 보는 것을 보시고 내가 요구하는 대로 처리하시라는 떼쓰기였다. 말씀하시는 하나님이 아니라, 우리의 말을 듣고 그대로 움직이시는 하나님을 우리는 강요해왔다. 그 와중에 하나님은 점점 객체화되고 말았다. 그러므로 이 상황에서 우리가 필사적으로 돌이켜야 할 것도 바로 이것이다. 자기 필요와 야망에 따라 하나님을 졸라대고 몰아붙이던 자리에서 이제, 하나님의 말씀을 듣기 위하여 파수대에 서고 성루에 올라야 한다. 하나님을 우리의 말을 듣는 객체가 아니라, 우리에게 말씀하시는 주체로 모시는 자리로 시급히 돌이켜야 한다. 우리의 욕구 충족을 위하여 하나님을 동원하려는 태도를 청산해야 한다. 하나님의 말씀과 뜻에 따라 우리 자신이 동원되려는 자세로 우리가 변하여야 한다.

생각하라

말씀하시고 대답하실 하나님을 기다리고 또 보고야 말리라는 하박국의 결심이 생생하게 드러내는 실상은 무엇인가? 넋을 놓고 무엇인가를 쳐다보는 모습이 아니다. 깊이 고민하며 골똘히 생각하는 모습이다. 그는 보이는 대로 그리고 느껴지는 대로 말을 쏟아내던 자리에서 이제는 생각하고 고민하는 자리로 이동한 것이다. 신자는 생각해야 한다. 그리고 고민해야 한다. 현대의 디지털 시대의 가장 치명적인 독소는 사람이 생각하지 않게 한다는 것이다. 디지털 세상에서는 가장 빠른 시간에 가장 많은 사람과 접속할 수 있는 것을 가장 큰 가치로 여긴다. 그것에 사람들이 열광한다. 동시성을 충족시켜주는 속도와 즉흥성과 자극성에 열광한다. 그 사이에 깊이는 사라지고, 생각도 사라지고 있다. "생각하지 않는 사람들"이 현대 디지털 시대를 사는 사람들에 대한 가장 정확한 표현일 것이다. "속도에서 깊이로"는 현대 디지털 시대가 상실하고 있는 것이 무엇인가를 예리하게 지적하고 있다. 찬양도 예배도 느끼기만 하려 하고, 감각 하려고만 하고, 즉흥적으로 흥분하려고만 하고, 눈물이 흐르는 자극적 경험을 하려고 애쓰는 풍토에서 이제는 생각하는 데로 돌아가야 한다. 감성을 자극하여 속 시원히 한 바탕 울고 모든 것을 끝내려고 하는 버릇을 버려야 한다. 신학도 이제는 지식을 쌓고 그것을 다시 풀어내는 재진술의 시대가 지났음을 알아야 한다. 일반 학문에서도 이제는 지식의 시대는 가고 생각의 시대가 도래하였다는 각성이 번져가고 있다. 신학지식을 축적하는 것이 신학을 하는 목적이어서는 안 된다. 신학지식의 획득은 신학적 사고력을 발동하는 데로 나아가는 발판으로 작동해야 한다. 각종 지식은 우리 기억 속이 아니라 인터넷에 거의 다 보관되어있다. 신앙생활은 고민을 없애주는 요술 방망이가 아니다. 더 높은 수준의 고민을 더 깊이 하도록 우리를 이끄는 이정표다. 신앙은 무엇을 입을까 무엇을 먹을까에 대한 고민을 없애주고 생각 없이 살도록 하는 것이 아니다. 그의 나라와 그의 의를 실현하려는 생각으로 더 깊이 더 많이 고민하게 한다. 염려하지 않기 위하여 하나님의 나라와 하나님의 의를 구하는 것이 아니다. 입고 먹고 마시고 즐길 것을 염려하는 삶에서 하나님의 나라와 의를 염려하는 삶으로 내용이 변화되는 것이다. 염려를 할 것인가 말 것인가의 문제가 아니라, 무엇을 염려할 것인가가 문제의 핵심이다. 선지자 하박국에게 무슨 일이 있었는지, 무슨 계기가 있었는지는 알 수 없다. 아무튼 선지자는 지금까지와는 완전히 다른 사람의 모습으로 태도를 바꾸고 있다. 그리고 이러한 혁명적인 태도 변화의 핵심은 자기의 요구를 쏟아내는 사람에서, 더 깊이 생각하는 사람으로의 변화다. 더 이상 보이는 대로 말하고 느껴지는 대로 행동하는 사람이 아니다. 보이는 것과 들리는 것의 의미가 무엇이고, 주어지는 상황 속에 스며있는 하나님의 의도가 무엇인가를 생각하고 고민하는 사람으로의 대변화다.

기본으로 돌아가는 것은
곧 하나님의 말씀으로 돌아가는 것이다.
이제 입을 다물고 귀를 열어
하나님의 말씀을 들어야 한다.
자기의 성공과 번영을 위하여 분주하게
놀리던 손발을 멈추어야 한다.
하나님이 보여주시는 것을 보려고
주목하여야 한다.

하박국 2:2-4

² 여호와께서 내게 대답하여 이르시되 너는 이 계시를 기록하여 판에 명백히 새기되 달려가면서도 읽을 수 있게 하라 ³ 이 계시는 정한 때가 있나니 그 종말이 속히 이르겠고 결코 거짓되지 아니하리라 비록 더딜지라도 기다리라 지체되지 않고 반드시 응하리라 ⁴ 보라 그의 마음은 교만하며 그 속에서 정 직하지 못하나 의인은 그의 믿음으로 말미암아 살리라

기다림

- 결과가 확실하면 기다릴 수 있다

하나님의 응답

응답이 오고 있다. 성루에 오르고 파수대에 오른 보초처럼 긴장하여 선지자는 하나님의 응답을 기다리고 있다. 드디어 하나님으로부터 응답이 임하고 있다. 얼마 동안의 기다림이었는지는 알 수 없다. 혼자서 보내야 하는 그 막막한 기다림의 시간을 어떻게 견디어 냈는지도 알 수 없다. 결코 쉽지 않은 과정이라는 것을 우리는 저마다의 경험을 통하여 알고 있다. 그러나 드디어 응답이 임하고 있다. 나의 말을 들으시라는 부르짖음이 아니다. 당신의 말씀을 내가 들겠다며 입 대신 눈과 귀를 열고 기다리는 선지자에게 하나님이 말씀을 시작하신다. 그러므로 이 단락은 이렇게 시작한다. "여호와께서 내게 대답하여 이르시되…"(2:2).

입을 다물고 눈과 귀를 여는 기다림의 기도라는 말을 오해하지 않아야 한다. 하박국은 아무것도 하지 않고 멍하니 앉아서 그냥 무슨 일이 일어날 때까지 시간을 보내고 있었던 것이 아니다. 입은 굳게 닫고 있지만, 심장은 크게 그리고 뜨겁게 부르짖고 있었을 것이다. 왜 나의 말을 듣지 않으시는 거냐고, 어느 때까지 이러실 거냐고, 왜 이러시는 거냐고 부르짖던 입을 닫았을 뿐이다. 그러나 하나님이 나타나셔서 보여주시고 말씀해주시기를 어느 때보다도 간절하게 부르짖는 심정으로 잠잠히 하나님의 시간과 하나님의 방법을 기다리고 있었을 것이다. 보초병처럼 긴장하며 촉각을 곤두세우고! 그런데 드디어 하나님의 응답이 임하고 있다. "너는 내게 부르짖으라 내가 네게 응답하겠고 네가 알지 못하는 크고 비밀한 일을 네게 보이리라!"(렘 33:3). 동시대의 선지자 예레미야에게 하신 말씀 그대로 하박국에게 하나님이 임하고 있다. 그에게 임한 하나님의 응답은 하박국이 미처 알지 못했던 크고 비밀한 일을 담고 있다. 예레미야에게 하신 부르짖으라는 이 말씀은 소리를 크게 내어 외치는 기도를 하라는 말씀이 아니다. 나 자신의 뜻을 주장하는 열렬함이 아니다. 하나님이 어떻게 하시는지, 하나님이 무어라고 말씀하시는지, 하나님께서 내게 무엇을 보여주려고 하시는지 보고 알고 깨닫고 싶은 간절함으로 하나님을 찾으라는 말씀이다. 기도의 강도가 아니다. 기도의 자세이다. 하나님의 응답은 네 가지 내용을 담고 있다.

응답의 실현은 확고하고 분명하다

첫째는 지금부터 하나님이 하박국에게 응답으로써 하실 말씀이 얼마나 확실하고 분명한지를 강조하는 내용이다. "여호와께서 내게 대답하여 이르시되…"라고 시작한 응답의 첫마디는 이것이다. "너는 이 묵시를 기록하여 판에 명백히 새기되 달려가면서도 읽을 수 있게 하라!"(2:2). 사실 이것은 응답 자체는 아니다. 지금부터 하나님께서 하실 응답에 대한 설명이요 강조일 뿐이다. 이제 주실 말씀이 얼마나 확실하고 분명한지 하나님은 이 응답을 주시기 전에 한참 뜸을 들이며 강조하신다. 마치 판에 새겨놓은 것처럼 확실하다. 판에 기록해놓은 것은 지워질 수도 있고 흐려질 수도 있다. 그러나 판에 조각하여 새겨놓은 것은 절대로 지워지지도 않고 흐려지지도 않는다. 하나님께서 이제 응답하시는 것은 그만큼 확실하다. 판에 새긴다는 것은 그것이 아주 중요하고 귀한 내용임을 강조하는 것이다. 고대에는 중요한 것일수록 판에 새겼다. 함무라비 법전은 돌에 새겼다. 하나님이 십계명을 주실 때도 돌 판에 새겨서 주셨다.

하나님이 이제 하박국에게 주시려는 응답은 그만큼 확고부동하고 그만큼 귀한 것이다. 동시에 얼마나 선명한지 달려가면서도 알아볼 수 있을 정도이다. 달려가면서도 무슨 말인지, 무슨 글자인지를 알아볼 수 있다면 얼마나 선명하고 분명한 것인가! 이렇게 확고부동하고, 이렇게 선명하고 쉬운 것이라면 그것은 누구나 알 수 있고, 모든 사람이 알아야 하는 것이기도 하다. 그러므로 이 응답에는 이것을 모든 사람에게 널리 알려주어야 한다는 것이 함축되어 있다.

반드시 때가 있다

이렇게 뜸을 들이며 강조하고 나서 드디어 본격적으로 주시는 응답의 내용은 이것이다. "이 계시는 정한 때가 있나니 그 종말이 속히 이르겠고 결코 거짓되지 아니하리라"(2:3a). 이것이 응답의 두 번째 내용이다. 반드시 때가 있다. 역사에는 하나님이 정하신 때가 있으며 반드시 하나님이 간여하시는 종말이 있다. 이는 역사 현실에서 하나님의 공의가 없어지고 하나님이 드러나지 않고 있다는 지금까지의 하박국의 현실 인식과 확신을 완전히 뒤집는 내용이다. 같은 뜻의 말을 4번씩 반복하신다. "정한 때가 있다. 종말이 속히 이른다. 결코 거짓이 아니다. 지체되지 않고 반드시 응한다." 하나님의 공의는 반드시 실현되고야 만다는 선언이다.

이 사실을 알지도 못하고 믿지도 않는 사람들이 있다. 바벨론 사람들은 이 사실을 알지도 못하고 믿지도 않는다. 그러므로 가책도 없고 회개도 없고 두려움도 없다. 오만하고 방자하고 무자비할 뿐이다. 그들은 어떻게 될 것인가? 이어지는 긴긴 말은 그들의 악과 심판에 대한 선언이다. 악인 바벨론은 반드시 하나님의 심판을 받아 망하고야 만다. 정한 때가 있고, 반드시 이루어지고야 만다. "그 종말이 속히 이르겠고 결코 거짓되지 아니하리라... 지체되지 않고 정녕 응하리라"(3절). 그러므로 악한 바벨론이 견고하게 서 있다고 괴로워할 필요가 없다. 그들은 자기들이 행한 악의 대가를 반드시 거두고야 말 것이다. 하나님의 공의는 없는 것이 아닌지 의심할 필요 없다. 하나님께서 공의의 시행을 잊어버리신 것은 아닐까 걱정할 필요 없다. 일찍이 다윗이 깨달아서 선포했던 말을 생각나게 한다. "악을 행하는 자들 때문에 불평하지 말며 불의를 행하는 자들을 시기하지 말지어다 그들은 풀과 같이 속히 베임을 당할 것이며 푸른 채소같이 쇠잔할 것임이로다"(시 37:1-2). 동시대의 선지자 예레미야를 통해서 바벨론의 멸망에 대하여 주신 긴긴 말씀들도 이것을 분명히 한다(렘 50-51장). 하나님은 바벨론이 행한 악에 대하여 반드시 심판하신다. 바벨론이 행한 악이 무엇인가? 첫째는 그들의 탐욕과 그 탐욕을 채우기 위하여 행한 악독과 잔인함이다. 둘째는 하나님이 행하신 것을 자기들의 힘으로 한 것처럼 방자하게 행한 것이다. 그들의 교만은 늘 하늘을 찌른다. 셋째는 하나님이 복주어 이끄시는 하나님의 백성들을 잔인하고 무도하게 억압하고 괴롭히고 망하게 한 것이다. 그들은 반드시 하나님의 심판과 멸망으로 대가를 치르고야 말 것이다. 그것이 그들의 운명이다. 응답이 끝나고 바로 이어지는 긴긴 말씀은 온통 이 악한 바벨론에 대한 심판 선언이다.

종말은 확실히 온다

물론 "종말이 속히 이르겠고" "지체되지 않고 반드시 응하리라"는 말씀은 직접적으로는 바벨론의 역사에 대한 심판을 말하는 것이 분명하다. 그러나 안목을 구속사적인 관점으로 확장하여 들으면 예수님께서 재림하심으로 임하는 종말을 떠올리게 한다. 요한계시록을 마치면서 "내가 진실로 속히 오리라"고 선언하시는 예수님의 모습을 떠오르게 한다. 이 말씀은 한편으로는 역사의 종말을 함축하고 있다. 인류의 역사 자체에 종말이 있다. 그날은 예수 그리스도께서 다시 오시는 날이다. 그런데도 이 사실을 모르거나 심지어 일부러 무시하고 비웃는 사람들이 있다. 종말은 없으며 속히 오신다던 그리스도가 오지 않는 현실이 그 증거라고 비웃는다. 이런 사람들을 가리켜 사도 베드로는 답답하고 한심하다는 듯이 선언한다. "주의 약속은 어떤 이들이 더디다고 생각하는 것같이 더딘 것이 아니라 오직 주께서는 너희를 대하여 오래 참으사 아무도 멸망하지 아니하고 다 회개하기에 이르기를 원하시느니라"(벧후 3:9).

그들은 구원을 얻도록 회개할 기회를 주시느라 재림을 늦추고 있는 하나님의 은혜를 오히려 그리스도의 재림은 없다는 증거로 왜곡하는 악을 행한다. 그러므로 사도 베드로는 바로 이어서 단호하게 선언한다. "그러나 주의 날이 도둑 같이 오리니 그날에는 하늘이 큰 소리로 떠나가고 물질이 뜨거운 불에 풀어지고 땅과 그중에 있는 모든 일이 드러나리로다"(벧후 3:10). 종말의 때는 반드시 있다. 지금도 다가오고 있다. 하박국에게 임한 응답도 바로 그것이다. "정한 때가 있다. 종말이 속히 이른다. 결코 거짓이 아니다. 지체되지 않고 반드시 응한다." 사도 바울은 이렇게 경고한다. "하나님의 은혜를 헛되이 받지 말라... 보라 지금은 은혜 받을 만한 때요 보라 지금은 구원의 날이로다"(고후 6:1-2). 지금은 은혜와 구원의 때라는 은혜의 선포임과 동시에 지금이 지나면 다시는 없다는 무서운 경고이다.

그러므로 기다리라

응답의 세 번째 내용은 그러므로 이렇게 분명하고 확실한 사실을 알고 있는 사람이 취해야 할 반응과 처신으로 자연스럽게 이어진다. "기다리라!" 역사가 그렇게 진행될 것임을 아는 사람은 당연히 정한 그때를 기다린다. 반드시 이루어지고야 말 그 일을 기다리게 된다. 이것이 응답의 세 번째 내용이다. "비록 더딜지라도 기다리라 지체되지 않고 반드시 응하리라"(2:3b). 기다리는 것이 자연스럽고도 당연한 이유가 반복하여 주어진다. 이것은 참고 인내하라는 말이 아니다. 하나님께서 역사를 그렇게 진행하신다는 사실을 믿으라는 말이다. 그러므로 여기서 기다림은 인내심의 문제가 아니다. 믿음의 문제다. 그 사실을 그렇게 확실하게 믿으니 그때를 기다리는 것이다. 멀리 바라보며 기다리는 것이 아니다. 그것이 이미 이루어진 현실인 것처럼 의식하고 하루하루를 살아간다. 오래전 다윗의 선언이 다시 들리는 듯하다. "내가 산 자들의 땅에서 여호와의 선하심을 보게 될 줄 확실히 믿었도다 너는 여호와를 기다릴지어다 강하고 담대하며 여호와를 기다릴지어다"(시 27:13-14). 우리 시간으로는 더딜지 모르지만, 하나님의 시간으로는 지체됨이 없다. 때때로 하나님의 시간은 우리의 시간과 다르다. 우리는 세월이 흘러가기를 기다리는 것이 아니라, 하나님의 시간이 다가오기를 기다린다. 어느 한 시점을 기다리는 것이 아니라, 하나님이 역사하시는 사건을 기다린다.

본문에서는 "기다리라"는 단어가 문장 초두에서 강조되고 있다. 기다려야 하는 이유와 기다릴 수 있는 근거는 하나님께서 이미 밝히셨다. "정한 때가 있다. 종말이 속히 이른다. 반드시 응한다." 이 응답은 두 가지 사실을 확고하게 밝힌다. 첫째는 어떤 일이 일어날 특정의 시간이다. 어느 특정의 시점이 반드시 있고 그 시간은 하나님이 결정하신다는 것이다. 둘째는 그 시점이 되면 일어날 사건의 내용이다. 지금의 현상이 끝까지 이대로 연속되지 않는다. 종말이 반드시 있다. 하나님이 하나님께 걸맞게 결말을 짓는다. 그 시점은 하박국이 원하는 때가 아니라 하나님이 정하신 하나님의 시간이다. 하나님의 시간은 하박국의 시간과 같지 않다. 하박국은 바벨론에 대한 하나님의 심판이 즉시 이루어지길 바랐다. 그는 하나님께서 악한 바벨론을 지금 심판하시고 멸망시켜야 한다고 생각하였다. 그것이 하박국이 생각한 가장 적합한 시간이었다. 하박국은 자신의 시간에 하나님의 시간을 맞추려고 한 것이다. 그러나 하나님께서는 모든 일에는 시간이 정해져 있으며, 그 시간은 하나님의 시간 계획 가운데 들어있다고 말씀하신다. 저 악한 자들에 대한 심판이 없는 것이 아니다. 반드시 있다. 그러나 하박국이 정해준 시간이 아니라 하나님이 정하신 시점에 이루신다. 그러므로 하박국은 자신의 시간을 하나님의 시간에 맞추어야 한다. 그리고 하나님의 시간이 성취될 때를 기다려야 한다. 그는 기다려야 할 뿐 아니라 기다림을 배워야 한다. 이 기다림은 하나님이 계획을 가지고 계시며 약속하신 대로 반드시 성취하신다는 믿음을 기반으로 한다.

기다림이란 무엇인가?

여기서 말씀하시는 『기다림』이 결국 무엇인지 분명해진다. 기다리다 보면 잘 되겠지 하는 불안에 찬 요행수가 아니다. 투지나 뚝심이 아니다. 다른 도리가 없으니 팔자소관으로 알고 견디자는 숙명론자의 태도도 아니다. 죽느니 그렇게라도 사는 게 낫다고 자포자기하여 살아가는 정신적 노숙자의 철학도 아니다. 아무런 대책이 없어서 가져보는 막연한 기대감이 아니다. 기다림은 막연히 세월을 보내며 오늘을 소비하는 것을 말하지 않는다. 이를 악물고 견뎌내는 것을 의미하는 것도 아니다. 가슴에 한을 품고 참아내는 것도 아니다. 다른 대안이 없으니 할 수 없이 기다려보는 수밖에 없어서가 아니다. 결과를 확실히 알기 때문에 당연히 기다리는 것이다. 결과가 어떻게 될지 너무나 분명히 알고 있기 때문에 기다리는 여유를 가지는 것이다. 이 단락은 우리로 하여금 성경이 말하는 "신자의 기다림"이란 무엇인가를 깊이 생각하게 한다. 신자에게 기다림은 속수무책이 아니라, 믿음의 구체적인 표현이다.

농부

신자는 기다리는 것을 배워야 한다. 그리고 기다리는 삶에 익숙해야 한다. 구약에서 "기다림"으로 표현된 이 말씀을 신약은 "인내"로 표현한다. 혹은 참음이라고 한다. 야고보서는 인내하라고 하면서 인내의 표본이 될 세 부류의 사람들을 제시한다. 첫째가 농부이다. 농부의 인내를 배우라고 한다. 농부의 인내란 무엇인가? 그것은 가을에 대한 기다림이다. 농부는 아무리 배가 고파도 종자 씨를 먹어버리지는 않는다. 언제 어떻게 될지도 모르는데 지금 손에 있는 것이라도 털어서 밥을 지어 먹음으로써 오늘 하루의 생존이라도 확실하게 확보하는 것이 현실적인 지혜일 수 있다. 그러나 농부는 씨앗을 밖에 들고 나가서 들에 뿌려버린다. 오늘의 다급한 생존을 한 끼라도 이어줄 그 귀한 양식을 들판에 던져버린다. 왜 그렇게 하는가? 이 씨앗들이 엄청난 양의 곡식 단이 되어 돌아온다는 것을 확실히 알기 때문이다. 농부는 아무것도 없는 검은 들판을 바라보며 봄을 지낸다. 비바람이 몰아치고 들판의 새싹과 줄기들이 꺾여나가고 흙더미에 묻히는 여름철의 시련을 당해도 농부는 호들갑을 떨지 않는다. 이 폭풍도, 이 바람도, 내일이면 그치고 가을은 반드시 온다는 사실을 믿기 때문이다. 그리고 가을이 오면 반드시 기쁨의 큰 곡식 단을 거두게 된다는 것을 의심하지 않기 때문이다. 그래서 그는 배고픔의 순간을, 비바람의 계절을 묵묵히 인내하는 것이다. 그 인내는 소망에 찬 기다림이다. 그 소망은 반드시 가을이 오며, 반드시 열매를 거두게 된다는 믿음에서 온다.

선지자

야고보는 선지자가 고난을 길이 참는 모습을 인내의 본으로 삼으라고 권한다. 선지자의 고난이란 무엇이고, 선지자의 길이 참음이란 무엇인가? 선지자는 왜 고난을 받는 것이며, 왜 그것을 길이길이 참는 것인가? 선지자는 하나님의 말씀을 선포하기 때문에 고난을 겪는다. 말씀 선포 사역으로 말미암아 대적자들에게 당하는 핍박이 주는 고난이다. 그러나 선지자의 고난은 그것만이 아니다. 백성이 하나님의 길을 떠나 망할 길로 가기 때문에 선지자는 괴로워한다. 백성에게 심판을 선언하는 것은 선지자에게 큰 고통이다. 때로는 백성에게 배척을 받는 고난이 따른다. 하나님의 말씀을 선포하기 위하여 그가 감수해야 하는 다양한 현상들이 그에게는 괴로움이 되고 고난이 된다. 이 모든 고난은 근본적으로 하나님과 연관되어 있다. 선지자에게는 무슨 확신이 있는가? 하나님이 반드시 말씀하신 대로 역사를 진행하시고 처리하신다는 확신이다. 그러므로 하나님께 붙어야 산다는 것을 선지자는 안다. 그 확신이 사역으로 말미암아 닥치는 고난 가운데서도 기다리게 한다.

욥

야고보는 우리가 배워야 할 인내의 마지막 선생으로 욥을 들고나온다. 욥의 인내를 배우라고 한다. 욥의 인내는 무엇인가? 자기가 원인을 제공하지 않은 고난을 견디는 인내이다. 욥이 그렇게 하는 원동력은 무엇인가? 하나님에 대한 신뢰이다. 욥이 하나님을 신뢰하는 내용은 두 가지다. 나는 원인을 모르지만 하나님은 아신다는 확신과 그 하나님을 만나려고 기다리는 인내다. 그러므로 그는 끝없이 하나님을 찾는다. 둘째는 하나님이 아시고 하나님이 행하신다는 하나님에 대한 신뢰다. 그러므로 그는 현상이 아무리 절망적이어도 포기하지 않는다. 그는 가는 길에 대한 지식도 없고 자신도 없다. 가는 길의 끝에 무슨 가능성이 있는지 가늠할 아무런 능력도 없고 짐작할 증거도 없다. 그는 설명하고 증명할 수 없지만 분명히 아는 것이 있다고 장담한다. "그러나 내가 가는 길을 그가 아시나니 그가 나를 단련하신 후에는 내가 순금 같이 되어 나오리라"(욥 23:10). 나는 알 수 없지만 하나님은 아신다는 확신과 나는 할 수 없지만 하나님은 결국 좋게 하신다는 확신이다. 그의 호언장담은 그 확신으로부터 나온다. 그에게는 답답하고 억울하여 견딜 수 없으니 말이라도 실컷 쏟아내어 속이라도 후련하자고 제안하는 그의 아내가 어리석은 여인으로 여겨진다. 아내가 못 견디고 가출을 해버려도 그는 아내를 따라 함께 나가지 않고 끙끙대면서라도 하나님과의 사이에서 무슨 수가 나기를 기다린다. 그러므로 그 혹독하고 처절한 상황에서도 포기하지 않는 그의 인내는 사실은 하나님에 대한 절대적인 신뢰에 둥지를 틀고 있다. 그는 하나님의 때와 결과를 기다리고 있다. 그가 하나님의 때와 결과를 기다리는 것은 하나님은 다 아시고 자비하시며 긍휼히 여기시는 분이라는 하나님 신뢰 때문이다.

요한계시록의 메시지는 하나님의 영원한 통치와 승리이다. 그러므로 그의 교회와 백성들에게는 최후 승리가 보장되어 있다는 것이 계시록의 중대한 선언이다. 성경의 마지막 책인 이 책의 마지막은 그렇게 끝난다. "아멘 주 예수여 오시옵소서!" 기다림이다. 주 예수를 기다리는 그 현실은 참담하다. 그러나 그런 현실에서 '아멘'을 외치며 기다리는 삶을 산다. 주 예수님은 반드시 곧 오신다는 사실, 참되고 충성된 증인이신 그분이 최후의 승리를 우리에게 주신다는 사실이 너무나 분명하기 때문에 소망에 차서 기다리는 자로 그 혹독한 현실을 사는 것이다. 사도 바울이 그토록 혹독한 고난의 현실 가운데서도 오히려 기뻐하고 기뻐하면서 그 현실을 살아갈 수 있었던 것도 사도에게는 그것이 그리스도를 기다리는 현장이라는 믿음 때문이었다. "그러나 우리의 시민권은 하늘에 있는지라 거기로부터 구원하는 자 곧 주 예수 그리스도를 **기다리노니** 그는 만물을 자기에게 복종하게 하실 수 있는 자의 역사로 우리의 낮은 몸을 자기 영광의 몸의 형체와 같이 변하게 하시리라"(빌 3:20-21).

확신에 찬 소망에서 오는 기대감

그러므로 인내란 이를 악물고 견뎌내는 것이 아니다. 가슴에 한을 품고 참아내는 것도 아니다. 인내란 기다림이요, 그 기다림은 확신에 찬 소망에서 오는 기대감이다. 하나님의 하나님 되심에 대한 신뢰에서 확실한 결과를 내다보는 소망이 생긴다. 소망이 확실하니 기다리게 된다. 그 기대감에 찬 기다림이 인내이다. 그래서 말씀하신 것이다. "기다리라. 비록 더딜지라도 기다리라. 지체되지 않고 정녕 응하리라." 그러므로 인내란 참음보다는 훨씬 더 기다림에 가깝다. 참음은 현실 지향적이지만 기다림은 미래 지향적이다. 인내는 현실을 뛰어넘어 저만치 세월의 결국을 내다보는 자의 지혜이다. 당신이 나를, 그리고 내가 당신을 참아준다는 것은, 당신이 나를, 그리고 내가 당신을 견디어준다는 말이 아니다. 소망을 갖고 기다려준다는 말이다. 그러므로 인내, 그것은 아름다운 것이다. 이 소망의 근거는 하나님에 대한 신뢰이다. 이 하나님은 언약의 하나님이다. 하박국서의 저변을 받치고 있는 기조가 하나님의 언약인 연유가 여기에 있다.

기다림은 때로 응답이 더디다고 느끼게 한다. 더디다고 느껴지다가 그것이 깊어지면 응답은 없다고 믿게 한다. 그래서 기다림을 포기하게 한다. 기다림을 포기하는 것은 현실의 문제가 그만큼 크고 확실해서가 아니다. 하나님에 대한 믿음이 그만큼 작아졌기 때문이다. 기다림은 현실에서 직면하는 문제의 심각성의 크기가 아니라, 문제에 직면하는 우리의 하나님에 대한 믿음의 크기에 달려있다. 열두 정탐꾼 사건은 이 사실을 보여주는 결정판이다. 기다림을 포기하는 것은 하나님의 언약을 더 이상 믿지 않기로 하는 최종 결정이다. 응답으로 찾아오신 하나님이 하박국을 확신시키고자 하는 것은 확실하다. 갈대아가 역사의 주인처럼 행세하는 이 포악한 역사의 결과는 이미 결정되었다. 하나님의 심판이다. 그것은 확실하다. 그러므로 하박국에게 "정녕 응하리라"고 강조하신다. 실상 그것은 더딤도 아니다. 하나님께는 더딤도 없고 조급함도 없으시다. "지체하지 않고" 하나님은 행하신다. 하나님이 행하시는 그 시간이 가장 정확하고 또 유익한 시점이다. 우리가 더디다고 투덜대고 또 스스로 지치는 것일 뿐, 하나님은 가장 적합하고 가장 정확한 하나님의 시간을 갖고 계신다.

베드로는 이 사실을 놓치고 기다림을 왜곡해버린 사람들에게 안타까운 마음으로 선언한다. "사랑하는 자들아 주께는 하루가 천년 같고 천년이 하루 같다는 이 한 가지를 잊지 말라 주의 약속은 어떤 이들이 더디다고 생각하는 것같이 더딘 것이 아니라 오직 주께서는 너희를 대하여 오래 참으사 아무도 멸망하지 아니하고 다 회개하기에 이르기를 원하시느니라"(벧후 3:8-9). 그러므로 사도 베드로는 이들에게 도전적 질문을 던진다. "너희가 어떠한 사람이 되어야 마땅하냐?" 그리고 스스로 답한다. "하나님의 날이 임하기를 바라보고 간절히 사모하라"(벧후 3:12). 하박국의 말로 바꾸면 "기다리라"고 하는 셈이다.

우리가 기다리고 인내하는 것은 우리가 하나님의 언약과 그 언약의 하나님을 이렇게 신뢰한다는 눈에 보이는 표현이다. 아담과 하와에게는 선악과를 따 먹지 않는 것이 하나님의 말씀을 이렇게 순종하고 있다는 표현이었다. 선악과를 따 먹는 것은 하나님을 이렇게 버리고 있다는 눈에 보이는 표현이었다. 마찬가지로, 신자에게 기다림은 하나님과 맺고 있는 관계의 표현이다. 단순히 개인의 인내심이나 뚝심이나 버티기나 성격의 문제가 아니다. 그래서 기다리는 신자의 모습은 아름답고 복되고 귀하다. 기다리는 그를 보면 그가 신뢰하고 소망하는 하나님을 생각하게 되기 때문이다. "도대체 하나님이 어떤 분이기에 저런 상황에서도 저렇게…." 그 모습을 보며 나도 교회 한번 다녀봐야겠다는 맘을 먹고 갔다가 신자가 되었다는 사람들이 적지 않다. 아래에서 다시 보겠지만, 하박국에게 주어진 응답의 핵심, 곧 4절의 "의인은 믿음으로 말미암아 산다"는 말씀을 문맥에 비추어 볼 때 "믿음"의 일차적인 의미는 "기다림"의 믿음이다. 의인은 믿음, 곧 기다림으로 표현되는 믿음으로 살아간다. 히브리서 기자는 히브리서 10장에서 문맥상 말세를 사는 신자가 살아야 할 삶을 이야기하는 것이 분명한 대목에서 먼저 "너희 담대함을 버리지 말라 이것이 큰 상을 얻느니라"고 선언한다. 이어서 "너희에게 인내가 필요함은 하나님의 뜻을 행한 후에 약속을 받기 위함이라 잠시 잠깐 후면 오실 이가 오시리니 지체하지 아니하시리라"고 선언한다(히 10:35-37). 여기서 신자가 끝까지 버리지 않아야 할 담대함은 사실 믿음을 말하는 것이다. 이 믿음이 큰 상을 얻는다. 하박국 2장에서 말하는 믿음의 내용은 하나님은 반드시 공의를 행하신다는 믿음, 하나님의 공의는 반드시 때가 있고 그때 반드시 시행된다는 믿음이다. 이것은 다름 아닌 하나님의 하나님 되심에 대한 신뢰이다. 하나님의 절대주권에 대한 절대적 신뢰이다. 그래서 그는 기다리는 것이다. 그것이 그의 믿음이다. 이런 점에서 성경에서 그리고 우리 신앙에서 말하는 기다림이란 차라리 신학적 전문용어이다.

의인은 믿음으로 산다

앞에서 응답의 내용을 세 가지로 요약하였다. 첫째, 응답의 실현은 확고하고 분명하다. 둘째, 반드시 때가 있다. 셋째, 그러므로 기다리라는 것이다. 성루에 오르고 파수대에 선 파수꾼의 심정으로 하나님의 응답을 기다리는 하박국에게 임한 응답의 네 번째 내용이자 최종 결론은 이것이다. "의인은 믿음으로 말미암아 살리라." 이것은 기다리라는 말씀에 이어서 주어진다. 기다린다는 것이 구체적으로 무엇을 하는 것인가를 밝히는 것이다. 기다린다는 것은 아무 일도 하지 않고 그냥 세월을 보낸다는 말이 아님을 분명히 하는 것이다. 하나님의 시간을 기다리는 것은 구체적으로는 믿음으로 하루하루를 살아가는 것이다. 하나님을 기다리는 것은 그러므로 소극적인 삶이 아니라, 적극적이고 모험적이며 심지어 공격적인 신자의 삶이다. 의인은 믿음으로 산다는 말씀이 구체적으로 무엇을 말하는 것인지 다음 장에서 더 깊이 살펴볼 것이다.

악인을 향한 응답과 의인을 향한 응답

하박국 선지자에게 임한 하나님의 응답은 두 대상을 내용으로 한다. 첫째는 악인들에 대한 것이고, 둘째는 의인에 대한 것이다. 악인에 관한 내용은 분명하다. 반드시 하나님의 심판을 받고 망한다는 것이다. 사실 분량으로 본다면 하박국 2장은 20구절 가운데 15구절을 악인들의 심판에 대한 선언으로 채우고 있다(4-20절). 악인들에 대한 심판 선언을 하신 다음, 의인을 대상으로 말씀하신다. "그러나 의인은 그 믿음으로 말미암아 살리라"(4절). 이렇게 함으로써 하나님께서는 갈대아의 악한 자들이 어떻게 망할 것인가 뿐만 아니라, 유다의 남은 자들이 어떻게 구원을 얻게 될 것인가를 말씀하신다. 결국 하나님이 하박국에게 주신 응답은 둘이 아니라 하나인 셈이다. "그러나 의인은 그 믿음으로 말미암아 살리라!"는 것이다. 결국 하나님은 하박국에게 이렇게 묻고 답하시는 셈이다. "너는 어떻게 살 것인가? 어떻게 되든 너는 믿음으로 하루하루의 삶을 살아야 한다." 그렇게 살아갈 수 있는 배짱이 어디에서 오는가? 하나님이 역사를 다스리시고 심판하시며 그러므로 악인은 하나님의 심판을 받아 반드시 망하고, 하나님의 언약은 반드시 지켜진다는 확신이다. 하나님의 공의가 실현되지 않고 있는 현실이라 하여 괴로워할 필요가 없다. 하나님의 공의는 반드시 이루어진다. 하나님이 정하신 시간이 있고, 그 시간에 반드시 이루어진다. 그리고 주어지는 말씀이 그것이다. "의인은 그 믿음으로 말미암아 산다!" 하나님의 언약에 대한 절대적인 신뢰를 근거로 세상이 어떻게 뒤집어져도 여전히 하나님께서 주신 길을 가는 담대함이 나온다. 그러므로 믿음이란 추상적인 어떤 것이 아니다. 가장 먼저는 하나님이 섭리로 역사를 이끄시고 주권으로 역사를 다스리신다는 사실을 믿는 믿음이다. 그 믿음은 무엇보다도 "기다림"으로 표현된다. 그리고 그 기다림은 어떤 경우에도 믿음의 길을 가는 것으로 구체적으로 실천된다. 이 내용은 다음 장에서 다시 살펴볼 것이다.

신자에게 기다림은
하나님과 맺고 있는 관계의 표현이다.
단순히 개인의 인내심이나 뚝심이나
버티기나 성격의 문제가 아니다.
기다리는 신자의 모습은
아름답고 복되고 귀하다.
기다리는 그를 보면
그가 신뢰하고 소망하는 하나님을
생각하게 되기 때문이다.

|

하박국 2:4

⁴ 보라 그의 마음은 교만하며 그 속에서 정직하지 못하나 의인은 그의 믿음
으로 말미암아 살리라

03

의인은 그래도
제 길을 간다

– 세상이 뒤바뀌어도 너의 길을 가라

동문서답

하나님이 주신 응답의 결론은 이것이다. "의인은 그의 믿음으로 말미암아 살리라!"(4절). 이런 식이다. "그러니 너는 믿음으로 살아!" 현실에서 일어나는 부조리에 대한 하나님의 처신을 놓고 그 이유를 묻는 말에 하나님은 납득할 만한 설명이 아니라, "오직 의인은 믿음으로 말미암아 산다"는 대 선언으로 답을 하신 것이다. 하나님의 응답은 하박국이 던진 질문에 비추어보면 동문서답 같다. "세상이 엉망인데 하나님은 뭐 하시는 거예요"하고 물었더니, "세상이 엉망일 때 너는 뭐 할래"하고 되물으시고 그 답을 가르쳐주시는 셈이다. 이러한 동문서답식 답을 하시는 하나님의 의도가 무엇인가? 첫째는 신자로서 이해할 수 없는 왜곡된 현실을 살아가는 우리에게 사실상 가장 중요한 문제는 무엇인가를 다시 생각하게 하는 것이다. 용납되지 않는 현실을 놓고 고민하고 분노하는 우리가 시급히 그리고 철저하게 취할 처신은 무엇인가로 우리의 관심을 이끄는 것이다. 현실이 이렇게 되어버린 것에 대한 책임을 하나님께 추궁하고, 어떻게 이 현실을 뒤집어 바꿀 것인가에 매몰될 것이 아니라, 현실이 이렇게 왜곡되고 뒤집힌 상황에서 나는 신자로서 어떻게 살아가야 하는가를 분명히 하는 것이 중요한 문제라고 깨우치는 것이다. 그리고 그것은 여전히 믿음의 길을 가는 것이라고 답하는 셈이다. 우리는 자주 우리에게 닥친 현실의 상황에 모든 초점을 맞추고 그것에 매몰되어 휘둘리곤 한다. 그러나 훨씬 더 중요한 것은 상황이 아니다. 하나님 편에 선 신자로서 그 상황에 대한 우리의 반응이다. 예수님은 이 시대를 현상에는 민감하면서 그 현상 속에서 주시는 하나님의 시대를 향한 징조에 대하여는 무감각한 것으로 단정하시고 분노하셨다. 하나님의 응답이 주는 두 번째 암시는 이것이다. 현실이 어떻게 돌아가든 하나님이 현실을 여전히 아시고 통제하시며 마침내 하나님다운 방식으로 정리하신다는 사실을 믿어야 한다는 사실이다. 다른 말로 하면 역사를 다스리고 통치하시는 하나님에 대한 절대 신뢰를 갖는 것이다. 그렇기 때문에 하나님은 의인은 그의 믿음으로 말미암아 산다는 결론을 제시하기 전에 같은 말을 반복하여 강조하신 것이다. "때가 결정되어 있다! 심판의 때가 있다! 속히 온다! 절대로 거짓이 아니다! 지체되지 않는다! 반드시 응한다!" 심지어 그 말들을 하기 전에, 이것은 판에 새긴 것처럼 확고부동하고, 달려가면서도 읽을 수 있을 만큼 선명한 것이라고 강조하셨다. 이 하나님을 절대적으로 신뢰해야 여전히 믿음의 길을 갈 수 있다는 전제가 그 안에 담겨 있다.

이중적 의미

4절의 "의인은 그의 믿음으로 말미암아 살리라"는 말씀에는 이중적인 뜻이 있다.

의인이 되는 믿음

첫째는 믿음으로 말미암아 불의한 자가 의인이 된다는 말이다. 믿음으로 말미암아 구원 얻지 못한 자가 구원에 이른다. 믿음으로 의롭게 된 자는 (악인들이 망하는 가운데서도) 구원을 얻는다는 말씀이다. 사도 바울은 로마서 1:17에서 이 말씀을 그런 의미로 인용하였다. "복음에는 하나님의 의가 나타나서 믿음으로 믿음에 이르게 하나니 그러므로 오직 의인은 믿음으로 말미암아 살리라 하셨으니라." 사도는 갈라디아에서도 이 말씀을 언급한다. "또 하나님 앞에서 아무도 율법으로 말미암아 의롭게 되지 못할 것이 분명하니 이는 의인은 믿음으로 살리라 하였음이라"(갈 3:11).

의인으로 살아가는 믿음

둘째는 믿음으로 의인이 된 사람은 어떤 일이 있어도 그 믿음으로, 그리고 그 믿음대로 세상을 계속 살아간다는 말이다. 의인이라면 믿음의 행위, 곧 믿음의 삶이 있어야 된다. 오랜 세월 후에 히브리서의 기자는 이 의미로 말씀을 인용하였다.

> 그러므로 너희 담대함을 버리지 말라 이것이 큰 상을 얻게 하느니라 너희에게 인내가 필요함은 너희가 하나님의 뜻을 행한 후에 약속하신 것을 받기 위함이라 잠시 잠깐 후면 오실 이가 오시리니 지체하지 아니하시리라 오직 나의 의인은 믿음으로 말미암아 살리라 또한 뒤로 물러가면 내 마음이 그를 기뻐하지 아니하시리라 하셨느니라 우리는 뒤로 물러가 멸망할 자가 아니요 오직 영혼을 구원함에 이르는 믿음을 가진 자니라 (히브리서 10:35-39).

히브리서는 불신자들을 향하여 어떻게 해야 구원받는가를 말하는 것이 아니다. 신자가 말세에 어떻게 살아야 하는가를 말씀하고 있다. 말하자면, 믿음의 담대함을 버리지 말라. 인내로 하나님의 뜻을 행하라. 잠시 잠깐 후면 다시 오실 주님 만날 준비를 하며 이 말세를 살라고 말한다. 바로 덧붙여 말하기를 "오직 나의 의인은 믿음으로 말미암아 살리라"고 한다. 그리고 믿음으로 말미암아 사는 것과 반대되는 것이 무엇인가를 이어 말하기를 "뒤로 물러가는 것"이라고 한다. 뒤로 물러가지 않고 침륜에 빠지지 않고 계속해서 그 길을 가는 것이 믿음으로 사는 길이라고 말씀하는 것이다. 바로 다음 장에 넘어가면 믿음 장인 히브리서 11장에서 아벨과 아브라함과 믿음의 영웅들인 사람 몇을 얘기한 다음에 13절에서 "이 사람들은 다 믿음을 따라 죽었으며…"라는 말로 그들은 어떤 사람들인지 요약해서 말한다. "이 사람들은 다 믿음을 따라 죽었다"라는 이 말은 그들이 구원받기 위하여 믿음으로 살았다는 말이 아니다. 혹은 믿음을 지키기 위하여 순교 당하여 죽었다는 말도 아니다. 죽을 때까지 믿음으로 살았다는 말이다. 다른 말로 하면 믿음으로 살다가 때가 되어 죽었다는 말이다.

이렇게 보면, 하박국 선지자는 악한 바벨론의 존재에 대하여 불평할 것이 아니라, 그런 가운데서도 믿음의 삶을 살아야 된다는 대답을 얻은 셈이다. 사실 이것은 쉬운 일이 아니다. "보라 그의 마음은 교만하며 그 속에서 정직하지 못하나 (그러나) 의인은 그의 믿음으로 말미암아 살리라"는 이 말씀 자체가 이미 믿음으로 살아가야 하는 삶의 현실이 어떠한 상황인가를 암시하고 있다. 마음이 교만하며 생각이 정직하지 못한 사람들이 삶의 현장을 휘두르는 상황이다. 그들이 실제로 어떤 사람들이고 그들이 지배하는 사회는 실제로 어떤 사회인가를 5절 이하에서 생생하게 확인할 수 있다. 악이 지배하는 세상에서 사는 신자는 온갖 고통과 아픔과 공포를 매 순간 경험하게 된다. 실제로 3장에서 진술하는 하박국에게 닥쳐오고 있는 현실을 보면 그가 살아야 하는 상황은 참으로 혹독하다. 무화과나무가 무성하지 못하며, 포도나무에 열매가 없으며, 감람나무에 소출이 없으며, 밭에 먹을 것이 없으며, 우리에 양이 없으며, 외양간에 소가 없는 현실이다(3:17). 닥쳐올 현실을 생각만 해도 창자가 흔들리고, 입술이 떨리고, 뼈가 썩어들어가는 것 같고, 몸이 덜덜 떨리는 현실이다(3:16). 그런 가운데서 아무렇지도 않다는 듯이 믿음으로 일상을 살아갈 수 있단 말인가? 의인은 믿음으로 산다는 말은 이런 상황을 두고 주어지고 있다.

현실은 믿음이 아니라, 그 사람들의 삶의 방식을 따라 그들처럼 교만하고 악하고 불의하게 살아야만 생존을 유지할 수 있는 세상이다. 믿음으로 사는 것은 세상을 혼자서 거역하며 사는 것같이 무모한 짓으로 여겨지는 상황이다. 세상 물정은 아무것도 모르는 어리숙한 사람으로 왕따를 당하거나, 속여먹고 이용해 먹기에 안성맞춤인 사람으로 비웃음을 당할 수도 있는 세상이다. 마가복음에서 예수님의 말씀도 같은 상황을 배경으로 하고 있다. "누구든지 이

음란하고 죄 많은 세대에서 나와 내 말을 부끄러워하면 인자도 아버지의 영광으로 거룩한 천사들과 함께 올 때에 그 사람을 부끄러워하리라"(막 8:38). 왜 세상을 살면서 신자들이 예수님과 그의 말씀을 부끄러워하고 또 부인하게 되는가? 그래야 음란하고 죄 많은 세상에서는 살아남고 성공할 수 있기 때문이다. 그래서 여전히 예수님과 그의 말씀을 붙잡고 이런 현실을 사는 것은 쉬운 일이 아니다. 본문 5절 이하에 계속되는 악하고 잔인한 바벨론의 모습은 믿음으로 살아가는 사람 하박국이 직면하는 구체적인 삶의 현장이다. 그러한 삶의 현장 속에서도 의인 곧 하나님의 백성은 믿음으로 하루하루의 일상을 살아가야 한다는 것이 4절에서 내놓으시는 하나님의 답이다. 세상이 어떻게 되어도 믿는 대로, 신자가 살아야 할 모습으로 한걸음 다음 한 걸음, 하루 그다음 하루를 살아가는 것이다. 즉, 세상이 아무리 뒤집어져도 신자는 여전히 제 길을 가는 것이다.

궁극적 요구

의인은 믿음으로 말미암아 산다는 4절의 말씀은 사도 바울과 히브리서의 인용에 따라 두 가지 의미를 갖는 것으로 이해할 수 있다. 그러나 넓게 보면 믿음으로 얻은 구원은 종착점도 아니고 최후의 목적도 아니다. 그 안에 이미 믿음으로 구원을 얻은 의인이 되어 의인으로 살아가야 할 길 곧 믿음으로 살아가는 길을 가야 한다는 것을 포함하고 있다. 이 점을 생각하면 두 해석은 강조점의 차이이지 전혀 다른 대립적 해석이라고 할 수는 없다. 믿음으로 구원 얻어 의인이 된다. 구원 얻은 의인이 되면 세상이 뒤집어져도 그 믿음대로 살아가야 한다. 결국 우리는 하박국 2:4의 오직 의인은 믿음으로 말미암아 산다는 이 말씀 속에서 로마서와 갈라디아서 그리고 야고보서와 히브리서를 함께 보고 있는 셈이다. 바울이 로마서에 인용한 의미가 루터의 종교 개혁에 결정적인 역할을 한 것이 계기가 되어서 "의인은 믿음으로 말미암아 살리라"는 말씀이 이신칭의의 의미로 치중된 것을 감안한다면, 이 말씀이 가지고 있는 "구원 얻은 믿음으로부터 나온 행위"라는 의미를 함께 드러내어 균형을 갖도록 하는 것이 중요하다. 우리가 하나님이 인정하시는 의인이라면, 이렇게 이해할 수 없는 일이 벌어지고 있는 현실 가운데서도 여전히 하나님을 믿는 믿음대로, 그리고 그 믿음을 따라 하루하루 현실의 삶을 살아야 한다!

그래도 여전히 제 길을 가는 근거

앞에서 이미 확인한 바와 같이 신자가 버텨내기 힘든 현실에서도 이렇게 살아갈 수 있는 힘은 하나님에 대한 절대적인 신뢰에서 온다. 즉 본문의 2-4a의 내용을 믿는 믿음이다. 역사는 하나님이 뜻하신 대로 진행되고 있고, 결국 그렇게 되고야 말 것이며, 그것을 하나님이 주권적으로 행하신다는 믿음이다. 역사를 다스리시는 하나님의 선하신 통치에 대한 절대 신뢰이다. 이것은 달리 말하면 하나님의 언약에 대한 신뢰요, 언약의 하나님에 대한 신뢰이다. 이 사실은 판에 새긴 것처럼 확고부동하다. 지워지지 않는다. 달려가면서도 선명하게 읽힐 만큼 선명하고 분명하다. 모호함이나 혼돈이 생길 이유가 없다. 그러니까 결심보다, 각오보다, 논리적 납득보다 더 중요한 것은 하나님에 대한 믿음, 하나님 절대 신뢰이다.

믿음은 이해가 되고, 납득이 되는 것에 대한 나의 용납이 아니다. 우리는 이해가 되어 믿는가, 아니면 믿고 보니 이해가 되는가? 하나님이 세상을 창조하셨다는 증거들이 있고 그것이 이해되어 드디어 "하나님은 창조주시다"라고 믿게 되는가, 아니면 하나님은 창조주시라는 것을 믿고 보니 모든 것이 하나님이 지으신 것이라는 사실이 이해되기 시작하는가? 역사의 진행을 살펴보니 하나님이 역사의 주관자라는 것이 이해되고 납득이 되어서 하나님이 역사의 주관자라는 사실을 비로소 믿게 되는가, 아니면 하나님이 역사를 다스리신다는 믿음을 갖고 보니 역사적 현실들이 이해되기 시작하는가? 하나님이 역사를 진행하시고 그 끝을 결정하시는 진행자요 주권자라고, 그것은 확고하고 분명하다고, 그것을 믿고 믿음으로 현실을 살아가라고 하시면서 하나님은 그것을 입증할 만한 역사상의 사건들을 증거로 제시하지 않으신다. 그것은 역사의 증거를 통하여 드디어 인정을 받아야 될 문제가 아니다. 하나님이 그러하시니 그렇게 된다고 받아들이는 믿음이다. 역사의 증거들을 통해서 입증할 수 있어야만 성경의 말씀들을 믿을 수 있다는 태도를 보이는 것은 매우 어리석을 뿐 아니라, 하나님에 대한 불신앙이 될 때가 있다. 그러므로 하나님은 기도에 응답하신다더니, 내가 기도해도 응답이 없는 것 보니 그 말은 사실이 아니라고 해서는 안 된다. 하나님은 공의의 하나님이라고 하시더니, 세상 돌아가는 현실을 보니 그 말은 사실이 아니라고 말해서는 안 된다. 많은 사람이 성경의 가르침이 이해되지 않고 납득할 수가 없어서 신앙을 가지지 않는다고 심지어 자랑스럽게 말하기도 한다. 그러나 그 입장으로라면 진정한 신앙을 가질 수 있는 기회는 평생 오지 않을지도 모른다.

세상이 어떻게 되어도
믿는 대로, 신자가 살아야 할 모습으로,
한 걸음 다음 한 걸음, 하루 그 다음 하루를
살아가는 것이다.
세상이 어떻게 뒤집어져도
신자는 여전히 제 갈 길을 가는 것이다.

|

하박국 2:5-20

⁵ 그는 술을 즐기며 거짓되고 교만하여 가만히 있지 아니하고 스올처럼 자기의 욕심을 넓히며 또 그는 사망 같아서 족한 줄을 모르고 자기에게로 여러 나라를 모으며 여러 백성을 모으나니 ⁶ 그 무리가 다 속담으로 그를 평론하며 조롱하는 시로 그를 풍자하지 않겠느냐 곧 이르기를 화 있을진저 자기 소유 아닌 것을 모으는 자여 언제까지 이르겠느냐 볼모 잡은 것으로 무겁게 짐진 자여 ⁷ 너를 억누를 자들이 갑자기 일어나지 않겠느냐 너를 괴롭힐 자들이 깨어나지 않겠느냐 네가 그들에게 노략을 당하지 않겠느냐 ⁸ 네가 여러 나라를 노략하였으므로 그 모든 민족의 남은 자가 너를 노략하리니 이는 네가 사람의 피를 흘렸음이요 또 땅과 성읍과 그 안의 모든 주민에게 강포를 행하였음이니라 ⁹ 재앙을 피하기 위하여 높은 데 깃들이려 하며 자기 집을 위하여 부당한 이익을 취하는 자에게 화 있을진저 ¹⁰ 네가 많은 민족을 멸한 것이 네 집에 욕을 부르며 네 영혼에게 죄를 범하게 하는 것이 되었도다 ¹¹ 담에서 돌이 부르짖고 집에서 들보가 응답하리라 ¹² 피로 성읍을 건설하며 불의로 성을 건축하는 자에게 화 있을진저 ¹³ 민족들이 불탈 것으로 수고하는 것과 나라들이 헛된 일로 피곤하게 되는 것이 만군의 여호와께로 말미암음이 아니냐 ¹⁴ 이는 물이 바다를 덮음 같이 여호와의 영광을 인정하는 것이 세상에 가득함이니라 ¹⁵ 이웃에게 술을 마시게 하되 자기의 분노를 더하여 그에게 취하게 하고 그 하체를 드러내려 하는 자에게 화 있을진저 ¹⁶ 네게 영광이 아니요 수치가 가득한즉 너도 마시고 너의 할례 받지 아니한 것을 드러내라 여호와의 오른손의 잔이 네게로 돌아올 것이라 더러운 욕이 네 영광을 가리리라 ¹⁷ 이는 네가 레바논에 강포를 행한 것과 짐승을 죽인 것 곧 사람의 피를 흘리며 땅과 성읍과 그 안의 모든 주민에게 강포를 행한 것이 네게로 돌아오리라 ¹⁸ 새긴 우상은 그 새겨 만든 자에게 무엇이 유익하겠느냐 부어 만든 우상은 거짓 스승이라 만든 자가 이 말하지 못하는 우상을 의지하니 무엇이 유익하겠느냐 ¹⁹ 나무에게 깨라 하며 말하지 못하는 돌에게 일어나라 하는 자에게 화 있을진저 그것이 교훈을 베풀겠느냐 보라 이는 금과 은으로 입힌 것인즉 그 속에는 생기가 도무지 없느니라 ²⁰ 오직 여호와는 그 성전에 계시니 온 땅은 그 앞에서 잠잠할지니라 하시니라

04

악을 행하는 자들의 운명

– 저들의 운명은 확정되었다

악을 행한 자들의 정해진 결말

이어지는 하나님의 말씀은 다섯 번에 걸쳐서 갈대아의 죄악상을
드러내어 고발하면서 징벌과 저주를 선언한다(5-20절). 그들의 죄
악상을 낱낱이 들추어내고 그들의 운명이 어떻게 될 것인가를 밝
히는 것이다. 그들이 행한 악행을 그대로 되받을 것이다. 그들은
처참하게 망하고 말 것이다. 이것은 세상을 지배하는 도덕 질서 때
문이 아니다. 역사를 이끌어가는 인과응보의 질서가 역사 안에 내

재하여 작동하기 때문이 아니다. 세상과 역사를 운행하시고 주권적으로 다스리시는 하나님의 심판 때문이다. 그들의 운명을 결정짓는 것은 하나님의 심판이다. 양심이나 역사가 아니라 하나님을 두려워해야 하는 이유가 여기에 있다. 본문은 그들의 죄를 다섯 번에 걸친 "화 있을진저"라는 무서운 저주의 선언으로 구분하여 드러낸다. 화 있을진저, 남의 것을 노략하는 자여(6-8절). 화 있을진저, 자기를 위하여 불의의 이를 취하는 자여(9-11절). 화 있을진저, 피로써 성읍을 건설하는 자여(12-14절). 화 있을진저, 자기의 영광을 위하여 이웃을 분노의 잔으로 취하게 하는 자여(15-17절). 화 있을진저, 우상의 나라여(18-20절).

이 다섯 가지는 갈대아의 죄악이 다섯 가지 종류로 제시된 것이 아니다. 그들의 총체적인 죄악의 단면들을 요약하여 예시한 것으로 보아야 한다. 우리는 하나님께서 친히 자세하게 지적하시는 이들의 죄악상을 한마디로 요약하여, "이 사람들은 아주 나쁜 놈들이었습니다." 정도로 요약하고 지나가지 말아야 한다. 본문의 단락을 따라 이들의 죄악과 그 결과에 초점을 맞추어 그들이 범하는 죄의 본질이 무엇인가를 확인하면서 한 대목씩을 살펴보아야 한다. 그러다 보면 우리는 문득 갈대아의 죄악상의 많은 부분이 인간의 보편적인 죄상이라는 사실을 깨닫게 된다. 그리고 바로 우리 자신의 모습이기도 하다는 사실을 확인하게 된다. 그들이 행한 행위를 우리도 그대로 반복한다는 점에서가 아니다. 그들이 그렇게 악행을 일삼는 동기와 목적 등 본질적인 면에서 그렇다는 것이다. 그렇게 본문은 오늘날 우리 모두의 모습을 비추어보는 거울이 되기도 한다. 그리하여 하나님께서 엄한 음성으로 지적하시는 그 죄상들에 우리도 함께 포함되었음을 깨닫게 된다. 동시에 아주 특별한 죄인이고 우리와는 비교할 수 없는 악한 자들이라고 판단했던 그들과 우리가 사실은 하나님 앞에서 본성적으로 별 차이 없는 죄인들이라는 사실을 깨닫게 된다. 그리고 반드시 있을 심판 앞에서 두려워 떨며 회개하고 그날이 임하기 전에 하나님께 돌아와야 한다는 사실 앞에서 결단을 촉구 받는다.

모든 죄악의 본질

여기서 지적된 다섯 가지 죄악은 그 양상이 무엇이든지 공통적인 본질이 있음을 주목해야 한다. 그 모든 죄의 밑바닥에 둥지를 틀고 있는 것은 탐욕, 곧 지독한 이기심이다. 이렇게 놓고 보면 지금 심판을 선언 받는 갈대아 사람들이 범하는 이 죄악들은 그들이 특이한 존재들이어서 그 시대에만 특별하게 범해졌던 죄들이 아니었다는 결론에 이르게 된다. 이러한 탐욕과 지독한 이기심은 모든 세대 모든 사람에게 언제나 존재해왔던 죄이다. 이것은 그들만의 특수한 죄가 아니라, 모든 인간에게 보편적인 죄이다. 그러므로 오늘의 우리도 동일하게 이러한 죄를 범할 위험에 노출되어 있다. 사실 탐욕과 지독한 이기심은 말세에 나타나는 모든 고통의 결정적인 원인이기도 하다. 예수님은 장터에서 놀이를 하는 아이들 비유를 들어서 이 세대의 핵심 문제를 극명하게 규명하셨다.

> 또 이르시되 이 세대의 사람을 무엇으로 비유할까 무엇과 같은가
> 비유하건대 아이들이 장터에 앉아 서로 불러 이르되 우리가 너희를
> 향하여 피리를 불어도 너희가 춤추지 않고 우리가 곡하여도 너희가
> 울지 아니하였다 함과 같도다 (눅 7:31-32).

게임에는 참여하는 모든 사람이 반드시 지켜야만 하는 규칙이 있다. 게임이 운용되기 위한 최소한의 질서인 셈이다. 그것이 무너지면 게임이 성립되지 않는다. 사회에도 사회 일원 모두가 지켜야만 하는 규칙이 있다. 그것을 무너뜨리면 사회가 성립되지 않는다. 사회가 돌아가지 않는다. 예수님이 이 세대의 본질을 극명하게 드러내기 위하여 제시하신 비유를 풀어보면 이런 이야기다. 장터에서 아이들이 두 패로 나누어 게임을 하고 있다. 게임이 가능하게 하는 규칙은 이것이다. 한쪽의 아이들이 피리를 불면 다른 쪽의 아이들은 춤을 추어야 한다. 한쪽의 아이들이 곡을 하면 다른 한쪽의 아이들은 울어야 한다. 게임이 시작되고 한쪽의 아이들이 피리를 분다. 그런데 다른 쪽의 아이들이 춤을 추지 않는다. 그래서 놀이는

중단된다. 피리를 불어댄 아이들이 항의한다. "우리가 피리를 불었으니까 너희들은 춤을 추어야잖아? 그런데 왜 춤을 추지 않는 거야?" 춤을 추지 않는 다른 쪽 아이들이 어이없다는 듯 대답한다. "너 즐겁지, 나 즐거워? 너 좋은데 내가 왜 춤을 춰?" 한쪽의 아이들이 곡을 한다. 그런데 울어야 할 다른 쪽 아이들이 울지 않는다. 놀이가 중단된다. 그래서 항의한다. "우리가 곡을 하면 너희가 울어야 되잖아! 그런데 왜 안 울어?" 울지 않은 아이들이 시큰둥하여 대답한다. "너희 슬프지, 우리 슬퍼? 네가 슬픈데 왜 내가 울어? 네 자식이 탄 배가 가라앉아 죽었지, 내 자식 죽었어?" 게임은 거기서 끝장난다. 더 이상 게임이 돌아가지 않고 끝나버린 한복판에는 지독한 자기중심적 사고방식과 무서운 이기적 탐욕, 그것이 만들어낸 비정함이 자리 잡는다. 예수님은 이 이야기를 이 세대를 보여주는 대표적인 비유로 내세우셨다.

세월이 지난 후, 사도 바울은 거의 마지막 편지를 쓰는 자리에서 이 세대의 문제를 더욱 직설적으로 지적한다. "너는 이것을 알라 말세에 고통 하는 때가 이르리니" 하면서 시작하는 디모데후서 3장 1절부터 하는 이야기이다. 예수님께서 "이 세대를 무엇에 비유할꼬" 하시며 시작하셨듯이, 사도는 "너는 이것을 알라 말세에는…"라는 말로 시작한다. 둘 다 말세 이야기, 이 시대 이야기를 하고 있다. 예수님은 비유로 하고, 사도 바울은 같은 이야기를 직설적으로 한다. 바울이 여기서 말하는 말세는 지금 우리가 사는 이 세대를 포함하고 있다. 사도는 이 세대를 가리켜 고통의 때라고 단정한다. 그리고는 고통의 양상을 다양하게 열거한다.

> 너는 이것을 알라 말세에 고통하는 때가 이르러 사람들이 자기를 사랑하며 돈을 사랑하며 자랑하며 교만하며 비방하며 부모를 거역하며 감사하지 아니하며 거룩하지 아니하며 무정하며 원통함을 풀지 아니하며 모함하며 절제하지 못하며 사나우며 선한 것을 좋아하지 아니하며 배신하며 조급하며 자만하며 쾌락을 사랑하기를 하나님 사랑하는 것보다 더하며 경건의 모양은 있으나 경건의 능력은 부인하니 이같은 자들에게서 네가 돌아서라 (딤후 3:1-5).

고통의 종류도 다양하고 고통을 유발하는 양상도 다양하다. 그러나 자세히 살펴보면 이 모든 양상을 관통하는 한 가지 공통된 요소가 있다. 지독한 이기심이다. 냉혹하고 매정한 자기 이기심이다. 나 자신 밖에는 그 어느 것도 안중에 없는 탐욕이 둥지를 틀고 있다. 그러므로 세상이 고통 한다. 이 세대를 사는 모든 사람이 각각의 고통을 걸머지고 살아간다. 사회가 작동하지 않는다. 게임이 돌아가듯 사회가 제대로 작동하기 위하여 모두 인정하고 지켜야 할 규칙이 무너져 버린 것이다. 모두 자기에게만 사로잡혀 있다. 어른이나 아이나, 교회나 정치집단이나 모두 이 원리에 사로잡혀 있다.

그래서 묻고 답한다. "너 그것은 다른 사람을 헤치는 것이니까 하면 안 되잖아? 그런데 왜 그렇게 해?" 고통 하는 세대 모두의 대답은 동일하다. "내가 하고 싶으니까!" 또 묻는다. "너 이렇게 해야되는 거잖아. 그런데 왜 안 해?" 고통 하는 말세의 이 사회를 사는 사람들의 대답은 모두 동일하다. "내가 하기 싫으니까!" 자기 행동과 처신과 의사결정에 결정적이고 최우선인 기준은 언제나 자기 자신의 호불호에 달려있다. 그야말로 모두가 스스로 자기 인생의왕이 되어 제 소견에 옳은 대로 살아가고 있다. 사사시대는 우리가 사는 바로 지금이다. 절제되지 않고 통제되지 않는 자기중심적 이기심이 모두에게 고통을 선물하고 있다. 이러다가는 만인의 만인에 대한 투쟁만 활개를 치는 세상이 될지도 모른다. 인간이 인간에게 가장 무서운 세상이 올지도 모른다. 그런데 코로나바이러스가 창궐하고 마스크는 한 사람이 다섯 개밖에 살 수 없는데도 더 필요한 다른 사람 사라고 자기 몫의 마스크 안 사기 운동을 하는 이 국민의 모습은 얼마나 아름답고 감격적인가! 대한민국 국민이 자랑스럽고 내가 이 나라 국민인 것이 행복한 순간이었다.

분명한 결론 두 가지

분명한 것은 이것이다. 하나님은 악인에 대하여 영원히 침묵하시지 않는다. 악인이 영원히 잘되고 번창하는 것이 아니다. 하나님은 악인을 반드시 심판하시고야 만다. 이것은 이미 시편 73편의 기자가 고뇌에 찬 경험을 통하여 도달한 결론이었다. "주께서 참으로 저희를 미끄러운 곳에 두시며 파멸에 던지시니 저희가 어찌 그리 졸지에 황폐되었는가 놀람으로 전멸하였나이다"(시 73:18-19). 그러므로 취해야 할 처신과 반응이 무엇인지는 시편 37편에서 이미 확고하게 선언된 대로이다.

> 행악자를 인하여 불평하여 하지 말며 불의를 행하는 자를 투기하지 말지어다... 여호와를 의뢰하여 선을 행하라 땅에 거하여 그의 성실로 식물을 삼을지어다 또 여호와를 기뻐하라 저가 네 마음의 소원을 이루어 주시리로다 너의 길을 여호와께 맡기라 저를 의지하면 저가 이루시고 네 의를 빛 같이 나타내시며 네 공의를 정오의 빛 같이 하시리로다 여호와 앞에 잠잠하고 참고 기다리라 자기 길이 형통하며 악한 꾀를 이루는 자 때문에 불평하지 말지어다 (시 37:1-7).

그러므로 믿음으로 말미암아 하나님의 의로운 백성이 된 신자들은 계속해서 믿음으로 살아가야 한다. 악인이 아무리 역사의 주인인 것처럼 위세를 부려도 반드시 이루어질 결과를 확실히 알고 있으니 여유를 갖고 기다린다. 삶의 현실은 이리 뒤집히고 저리 엎어지기를 반복할지라도, 묵묵히 제 길을 간다. 믿음으로 살아가는 의인의 삶을 살아간다. 당당하게 믿음의 길을 간다. 이것이 자신의 현

실을 고민하는 하박국에게 주신 응답이다. 그리고 우리 모두에게
주시는 응답이다.

|
하박국 2:14, 20

¹⁴ 이는 물이 바다를 덮음 같이 여호와의 영광을 인정하는 것이 세상에 가득 함이니라

²⁰ 오직 여호와는 그 성전에 계시니 온 땅은 그 앞에서 잠잠할지니라 하시 니라

05

역 사

– 역사는 어디로 가며 누가 주인인가?

역사는 어디로 진행하는가?

의인은 여전히 믿음으로 살아간다는 응답을 받고 하박국에게 어떠한 일이 일어나고 있는가를 이어지는 본문이 암시한다. 하박국에게 변화가 일어나고 있다. 그의 세계관과 역사관에 혁명적인 변화가 일어나고 있다. 현실에서 그 무섭고 혹독한 현실을 펼쳐가는 갈대아의 행태와 그들을 향하여 다섯 번에 걸친 심판의 선언 곧 "화 있을진저!"가 숨 가쁘게 선언되고 있는 그 와중에서 하박국은 매우 중요한 두 가지 결론을 의연히 선언한다. "대저 물이 바다를 덮음

같이 여호와의 영광을 인정하는 것이 세상에 가득하리라!"(14절). 이것은 역사의 진행에 대한 확고한 선언이다. 역사는 어디로 가고 있는가? 역사는 어디를 향하여 진행하는가에 대한 분명한 확신이다. 지금 눈에 보이는 현상이 무엇인가와 상관없이 역사는 반드시 하나님의 영광을 인정하는 곳으로 가고야 만다. 역사는 하나님의 계획이 성취되는 곳을 향하여 진행하고 있다. 이 말씀은 사실은 이사야 11:19에서 인용한 말씀이다. "내 거룩한 산 모든 곳에서 해됨도 없고 상함도 없을 것이니 이는 물이 바다를 덮음 같이 여호와를 아는 지식이 세상에 충만할 것임이니라." 이 말씀은 "그날" "그날"로 거듭 언급되는 특정한 때를 두고 주어진다. 그날은 이사야에 의하면 이새의 뿌리에서 한 싹이 나서 만민의 기치로 서는 날이다. 역사의 절정에서 이루어질 메시아의 날, 여호와의 날에 이루어질 상황이다. 그러므로 이 말씀이 선언되기 전에 그날에 일어날 여러 현상을 비유적으로 자세하게 진술한다.

공의로 가난한 자를 심판하며 정직으로 세상의 겸손한 자를 판단할 것이며 그의 입의 막대기로 세상을 치며 그의 입술의 기운으로 악인을 죽일 것이며 공의로 그의 허리 띠를 삼으며 성실로 그의 몸의 띠를 삼으리라 그 때에 이리가 어린 양과 함께 살며 표범이 어린 염소와 함께 누우며 송아지와 어린 사자와 살진 짐승이 함께 있어 어린 아이에게 끌리며 암소와 곰이 함께 먹으며 그것들의 새끼가 함께 엎드리며

사자가 소처럼 풀을 먹을 것이며 젖 먹는 아이가 독사의 구멍에서 장
난하며 젖 뗀 어린 아이가 독사의 굴에 손을 넣을 것이라 (사 11:4-8).

그리고 이어지는 말씀을 하박국은 인용한다. "내 거룩한 산 모든
곳에서 해 됨도 없고 상함도 없을 것이니 이는 물이 바다를 덮음
같이 여호와를 아는 지식이 세상에 충만할 것임이니라." 이사야 본
문에서는 이 말씀 다음에 그날이 어떤 날이며 구체적으로 하나님
께서 그의 백성에게 어떤 결말을 완성하실 것인가를 길게 그리고
확실하게 선언한다.

그 날에 이새의 뿌리에서 한 싹이 나서 만민의 기치로 설 것이요 열
방이 그에게로 돌아오리니 그가 거한 곳이 영화로우리라 그 날에
주께서 다시 그의 손을 펴사 그의 남은 백성을 앗수르와 애굽과 바
드로스와 구스와 엘람과 시날과 하맛과 바다 섬들에서 돌아오게 하
실 것이라 여호와께서 열방을 향하여 기치를 세우시고 이스라엘의
쫓긴 자들을 모으시며 땅 사방에서 유다의 흩어진 자들을 모으시리
니 에브라임의 질투는 없어지고 유다를 괴롭게 하던 자들은 끊어지
며 에브라임은 유다를 질투하지 아니하며 유다는 에브라임을 괴롭
게 하지 아니할 것이요 그들이 서쪽으로 블레셋 사람들의 어깨에
날아 앉고 함께 동방 백성을 노략하며 에돔과 모압에 손을 대며 암
몬 자손을 자기에게 복종시키리라 (사 11:10-14).

이 말씀들은 역사가 흘러가다가 어느 날 돌발적으로 일어날 사건을 말하는 것이 아니다. 하나님이 이끌어가시는 역사가 결국 어디에 이를 것인가를 말하는 것이다. 하박국이 이와 같은 맥락에서 선포된 이사야의 말씀을 이곳에 인용한 의도는 분명하다. 역사는 반드시 하나님의 뜻이 성취되는 곳을 향하여 가고야 만다는 선포다. 자기 백성을 향한 하나님의 자비와 악인들을 향한 하나님의 의가 누구도 부인할 수 없이 인정되고 실현될 수밖에 없는 그 날을 향하여 역사는 진행하고 있다는 확신이다. 그러므로 지금 눈앞에서 전개되는 현실이 어떤 모습이든지 어떤 상황이든지 불문하고 이 현실도 지금 하나님의 뜻이 성취되는 그곳을 향하여 가는 중이다. 이것이 하박국이 앞 단락에 주어진 하나님의 응답 안에서 깨달은 결론이다. 이것이 그가 새롭게 확인한 그의 역사관이다. 역사의 저만큼 끝을 이미 내다보는 역사관을 갖게 된 것이다. 눈앞의 세상이 어떻게 뒤집혀도 여전히 의인의 길을 갈 수 있는 원동력이 이러한 역사관으로부터 나온다. 결과를 이미 알고 있으니 지금도 그 결과를 향하여 가는 과정으로 살아간다.

역사의 주인은 누구인가?

그뿐이 아니다. 하박국은 이 장을 마무리하면서 중요한 두 번째의 결론을 선언한다. 20절이 바로 그 선언이다. "오직 여호와는 그 성전에 계시니 온 천하는 그 앞에서 잠잠할지어다." 앞에서의 깨달음이 역사는 어디를 향해서 진행해 나가고 있는가에 대한 결론이었다면, 이제 하박국은 역사는 누가 다스리는가, 역사의 주인은 누구인가를 결론 짓고 있다. 눈앞의 현실만 보면 지금 역사를 지배하고 다스리는 자는 갈대아이고 하나님은 마치 안 계시는 것처럼 보일는지 모르지만, 그러나 지금도 역사를 다스리는 분, 역사의 주인은 하나님이시라고 고백하고 또 세상을 향하여 선포하는 것이다. 시편 기자는 이러한 상황을 정확히 그려내고 있다. "어찌하여 열방이 분노하며 민족들이 허사를 경영하는고 세상의 군왕들이 나서며 관원들이 서로 꾀하여 여호와와 그 기름 받은 자를 대적하며 우리가 그 맨 것을 끊고 그 결박을 벗어버리자 하도다 하늘에 계신 자가 웃으심이여 주께서 저희를 비웃으시리로다!"(시 2:1-4). 역사의 주인은 하나님이시다. 그러므로 온 천하는 그 앞에서 잠잠할 것뿐이다.

결국 본문은 이러한 방식으로 역사는 지금도 하나님이 계획하신 곳을 향하여 나아가고 있고, 지금도 하나님이 역사를 다스리시는 주권자이심을 강력하게 선포하고 있다. 이것이 하박국의 역사관인 셈이다. 이것은 갈대아 사람들과 같은 상황에 있는 사람들에게는 준엄한 경고가 된다. 하박국과 같은 처지에 있는 신자들에게는 벅찬 용기와 위로를 주는 메시지가 된다. 이 사실을 아는 신자라면 어떤 상황에 처하든지 당당하게, 그리고 자신 있게 비록 더딜지라도 여전히 믿음의 길을 가지 않겠는가! 시인처럼 단호하게 선언하지 않겠는가? "그러므로 땅이 변하든지 산이 흔들려 바다 가운데에 빠지든지 바닷물이 솟아나고 뛰놀든지 그것이 넘침으로 산이 흔들릴지라도 우리는 두려워하지 아니하리로다(셀라)"(시 46:2-3). 그러므로 우리는 하박국의 말씀 속에서 갈대아와 같은 교만하고 악한 사람들에 대한 무서운 심판의 메시지와 갈대아의 악행이 판을 치는 혹독한 현실에서 살아가는 믿음의 사람들에 대한 한없는 격려와 용기의 메시지를 동시에 듣는다.

종말론적 관점

하박국에게 "의인은 믿음으로 말미암아 산다"는 응답은 의인은 여전히 믿음대로 하루하루 닥치는 현실을 살아간다는 말이었다. 그 "믿음"의 일차적인 내용은 반드시 하나님의 때가 있고 악은 반드시 하나님이 심판하신다는 믿음이다. 그 믿음은 구체적으로 역사는 지금도 하나님께서 계획하신 곳을 향하여 진행되고 있다는 것과 역사의 주인은 여호와 하나님이시라는 진리를 깨닫도록 그를 이끌었다. 그리고 이 깨달음이 그가 어떤 상황에서도 여전히 믿음으로 살아가는 원동력이 되고 있다. 하박국은 역사의 진행과 역사의 주인이라는 관점에서 갖는 자신의 확고한 역사관을 갈대아의 악독이 확인되고 그들의 궁극적 심판이 선언되는 5-20절 단락에서 14절과 마지막 20절에 산발적으로 삽입한 것은 매우 의도적이라고 해야 한다. 갈대아는 무시무시할 정도로 악하고 잔인하고 그들의 세력을 제압할 재간이 없다. 그러나 갈대아는 궁극적으로 하나님의 무서운 심판에 직면할 것이다. 하박국과 유다는 큰 위로를 받고 또 영광과 복을 누릴 것이다. 그러나 하박국이 당장 살아야 하는 현실은 갈대아의 악독이 판을 치는 상황이다. 그것은 매일의 현실이다. 반면에 갈대아가 하나님의 심판을 받고 유다가 평안과 영광을 얻는 것은 언제일지도 모를 먼 장래에 주어진 약속일 뿐이다. 이런 상황을 어떻게 살아낼 수 있단 말인가? 그 현실 속에서 두 가지 사실을 계속 붙잡음으로 가능하다. 그것이 14절의 선언이고 20절의 단언인 것이다. 역사는 지금도 하나님의 영광을 드러내고 하나님의 뜻이 성취되는 곳을 향하여 진행하고 있다는 진리를 믿는 것이다. 현실에서는 아무리 다른 권력이 큰소리치고 역사를 좌지우지하는 것같이 보여도 역사의 주인은 하나님이라는 믿음을 붙잡는 것이다. 악이 판을 치고 고통이 몰아쳐 죽을 것 같은 현실에서도 우리는 계속하여 이 사실을 거듭 확인하고 우리의 믿음을 다지면서 신자로서 갈 제 길을 가는 것이다.

이러한 역사관이 바로 종말론적 역사관의 본질이다. 종말론적 역사관이란 역사에는 끝이 있고 마침내 끝장이 난다는 의미가 결코 아니다. 하나님의 목적이 있고 그 목적이 반드시 성취된다는 믿음, 그러므로 오늘, 곧 현재는 그 과정이라는 입장이 바로 종말론적 역사관이다. 그리고 종말 곧 하나님의 계획과 목적이 반드시 성취된다는(종말) 관점에서 오늘의 삶을 살아가는 것이 종말론적 삶이다. 그것이 종말 신앙이다. 하박국에게 주어진 응답을 빌어 표현하자면 아무리 세상이 뒤집히고 갈대아가 판을 쳐도 여전히 믿음의 걸음을 내디디며 오늘을 살아가는 것이 종말론적 삶인 것이다. 그렇게 살아가는 이유는 분명하다. 현실 역사의 양상이 어떻게 요동을 쳐도 이 역사는 여전히 하나님이 다스리시며, 하나님이 목적하신 곳을 향하여 진행하고 있다는 사실을 믿기 때문이다. 이러한 원리를 사도 바울의 부활론에서도 확인할 수 있다. 사도 바울은 고린도전서 15장에서 긴긴 부활의 진리를 진술한다. 그 긴 부활론을 마치면서 마침내 부활론의 결론을 맺고 있다. "그러므로 나의 사랑하는 사람들이여, 견고하며 흔들리지 말고 주의 일에 더욱 힘쓰는 사람들이 되십시오. 이는 우리의 수고가 주 안에서 헛되지 않을 줄을 우리가 알기 때문입니다!"(고전 15:58).

눈앞의 현실만 보면
역사를 지배하고 다스리는 자는
갈대아처럼 보일지 모르지만,
지금도 여전히 역사를 다스리는 분은
하나님이라고 고백하고
그것을 담대하게 선포하는 것이
하박국의 역사관이다.
그리고 신자의 역사관이다.

Chapter

4

환난 가운데서
부르는 노래

하박국 3장

하박
국

나는 여전히 즐거워할 이유와
부를 노래가 있습니다!

|
하박국 3:1, 19

¹ 시기오놋에 맞춘 선지자 하박국의 기도라

¹⁹ 이 노래는 지휘하는 사람을 위하여 내 수금에 맞춘 것이니라

대반전

– 탄식이 변하여 노래가 되었네!

마지막 장인 3장은 "선지자 하박국의 기도라"라는 표제로 시작한다. 지금부터 전개되는 내용은 한 마디로 하박국의 기도임을 분명히 한다. 이렇게 시작한 하박국 3장은 "이 노래는 지휘하는 사람을 위하여 내 수금에 맞춘 것이니라"라는 말로 3장을 끝맺는다. 하박국 3장은 전체가 노래라는 말이다. 하박국서는 하박국 선지자의 노래로 끝을 맺는 것이다. 결국 찬양으로 드리는 기도가 하박국 3장이다.

하박국서 전체를 생각한다면 이것은 당연히 궁금증을 자아낸다. 하박국은 어떻게 첫 마디를 시작하였던가? 원망과 불만에 찬 항변이었다. 그런데 지금 어떻게 끝을 맺고 있는가? 즐거움에 겨운 기도의 노래로 끝을 맺고 있다. 실제로 그가 1장에서 보여준 모습과 지금 3장 첫 장면에서 보여주는 모습은 극단적으로 대조를 이룬다. 1장에서 그가 하나님께 쏟아내는 항변에서 계속하여 "내가" "내가" "나로"라는 말을 반복하며 자기 자신을 앞세운다(1:2-3). 그러나 3장 초두에서 하나님께 다시 드리는 기도에서는 "나"는 찾아볼 수 없다. "여호와여" "여호와여" "주께" "주는" "주의 일" 등 온통 하나님을 앞세우고 있다(3:2). 1장에서 그는 하나님이 하시는 일에 대하여 왜 이러시는지, 언제까지 이러실 것인지, 이러고도 하나님이라고 할 수 있는 것인지를 따져 물었다. 자기 현실에서 하나님이 취하시는 처신은 도저히 하나님답지 않다고 대드는 사람이었다. 그러나 3장에서는 전혀 다른 모습이다. 그의 기도는 세 가지 내용으로 되어 있다. 첫째가 하나님의 뜻을 이루시라는 것이다. "여호와여 내가 주께 대한 소문을 듣고 놀랐나이다 여호와여 주는 주의 일을 이 수년 내에 부흥하게 하옵소서 이 수년 내에 나타내시옵소서"(3:2). 하나님의 뜻이 이루어진다는 것은 하박국에게는 갈대아가 유다를 쳐들어와서 쑥대밭을 만들어버리게 하시겠다는 그 두려운 소문이 현실이 된다는 것을 우선적으로 의미한다. 하박국은 그것을 잘 알고 있다. 1장에서 하박국은 말도 안 된다고 길길이 뛰며 대들었다. 그런데 장면이 바뀌어 3장을 시작하며 그가 내놓는 첫 마디는 완전히 딴판이다. 하나님의 뜻이 이루어져야 된다고, 그것도 속히 이루어져야 한다고 말한다. 그의 태도에 대반전이 일어나고 있다. 뿐만 아니다. 3장에서 이어지는 하박국의 태도는 충격적으로 놀랍다. 그 악하고 두려운 갈대아가 유다를 쳐들어오게 할 것이라는 하나님의 계획대로 그들이 쳐들어오는 현실을 기다리고 있다고 말한다. "… 무리가 우리를 치러 올라오는 환난 날을 내가 기다리므로…"(3:16). 심지어 그들의 공격으로 벌어질 생존을 유지할 수 없을 그 두려운 상황 가운데서도 나는 여호와로 말미암아 여전히 기뻐할 이유가 있고 부를 노래가 있다고 찬양을 불러댄다. "나는 여호와로 말미암아 즐거워하며 나의 구원의 하나님으로 말미암아 기뻐하리로다"(3:18).

대반전의 근거

하박국이 보여주는 이러한 대반전은 필연적으로 한 가지 의문을 불러일으킨다. 같은 사람이, 같은 상황에서 어떻게 이렇게 바뀔 수 있는가 하는 의문이다. 환경이 바뀐 것인가? 아니다. 현실적으로는 더 나빠졌다. 그렇다면 무엇이 한 사람을 이렇게 혁명적으로 바꾸어 놓을 수 있단 말인가? 1장의 항변과 3장의 노래 사이에 무엇이 있단 말인가? 물론 2장이 있다. 그러면 2장에서 무슨 일이 벌어진 것인가? 이미 앞에서 본 바와 같다. 2장에서 하박국은 자신이 제기했던 현실 문제에 대한 하나님의 응답을 통하여 하나님에 대하여 새로운 눈을 뜨게 되었다. 하나님과 그가 진행하시는 역사에 대하여 새로운 인식을 갖게 되었다. 그것은 하박국이 하나님을 새롭게 만나는 사건이었다. 그는 새로운 차원의 하나님 이해와 그에 따른 새로운 세계관과 역사관 그리고 인생관을 갖게 된 것이다.

내가 용납할 수 없는 현실을, 내가 요구하는 방식대로 개입하여, 내가 옳다고 판단하는 대로 역사를 다스리라고 하나님을 몰아세우던 사람이 3장에서 이렇게 돌변한 태도로 처신을 하는 것은 그의 현실이 달라지고 세상이 바뀌어서가 아니다. 달라진 것은 아무것도 없다. 하박국 자신이 달라진 것이다. 하박국을 이렇게 혁명적으로 바꾸어 놓은 결정적인 계기는 2장에서 그가 경험한 하나님에 대한 새로운 이해이다. 마치 시편 73편에서 악인이 형통하는 현실의 문제로 신앙적 번민에 찼던 시인이 성소에 들어갈 때야 답을 찾았다며 하나님을 찬양하였듯이, 하박국은 2장에서 하나님을 새롭게 이해하게 되면서 이렇게 된 것이다. 새롭게 만나는 하나님! 그것이 진정한 답이다. 하나님과 새로운 만남이 우리를 혁명적으로 변화시키는 가장 확실한 원동력이다. 이런 점에서 2장은 1장과 3

장을 연결 짓는 길목이다.

예수님은 밤바다를 헤치며 거라사의 한 사람을 찾아가신 적이 있다. 그는 공동묘지를 삶의 거처로 삼고 사는 사람이었다. 주검들 사이에서 사는 사람, 숨 쉬며 움직이지만 죽음 가운데 머물러 있는 사람이었다. 소리 소리를 질러대며 살고 있지만 아무런 의미 없는 소리를 질러대며 사는 사람, 자기를 묶는 어떤 결박도 단박에 끊어버리는 초능력을 가졌지만 정작 자기 자신을 자기가 헤치며 사는 무능력자였다. 그는 군대 귀신의 지배를 받으며 인간성을 빼앗긴 비참한 모습으로 사는 자였다. 그는 자기를 향하여 다가오는 생명이신 예수를 향하여 당신이 나와 무슨 상관이냐며 강하게 거부한 사람이었다. 그런데 잠시 후 그 자리에서 그는 정신을 차리고 옷을 차려입고 예수를 향하여 평생 당신을 따라다니겠다고 나선다. 그에게 일어난 이러한 혁명적인 변화는 그가 예수를 새롭게 만났기 때문이었다. 예수의 도를 믿는 자들을 잡아 없애야 한다는 확신에 차서 살기등등하여 날뛰던 사울이 예수를 증거하기 위하여 생명의 위험을 무릅쓰는 사람이 되는 혁명적인 변화는 그가 예수를 새롭게 만났기 때문이었다. 우리가 직면하는 문제들 대부분은 우리의 환경이나 세상이 아니라, 우리 자신이 바뀌어야 근본적인 해결이 가능하다. 우리 자신의 변화는 우리가 하나님을 새롭게 만남으로써 이루어진다는 사실을 알아야 한다.

이런 점에서 사실 하박국서는 선명하고도 극적인 흐름이 있는 스토리 라인을 형성하며 진행되는 역동적인 사건을 보여준다. 현실에서 경험하는 비리와 부조리, 신앙이 먹히지 않는 현실에서 하나님에 대하여 갖는 절망과 분노, 그리하여 정신없이 쏟아내는 항변(1장), 문득 입을 다물고 눈과 귀를 열어 하나님의 말씀을 기다리기로 태도를 고치고 기다리다 마침내 하나님을 새롭게 만나서 확인한 사실들(2장), 현실로 닥쳐오는 극심한 환난과 고통의 현장을 내다보면서도 그 두려움과 고통 가운데서 부르는 기쁨과 즐거움과 확신에 찬 찬양 기도(3장)가 하박국서를 이끌어가는 구조이다. 이러한 구조 자체가 비슷한 현실을 살아가는 우리 신앙인들에게 깊은 메시지를 제시한다.

달라진 것은 아무것도 없다.
하박국 자신이 달라진 것이다.
새롭게 만나는 하나님!
그것이 진정한 답이다.
하나님과 새로운 만남이
우리를 혁명적으로 변화시키는
가장 확실한 원동력이다.

|
하박국 3:2

여호와여 내가 주께 대한 소문을 듣고 놀랐나이다 여호와여 주는 주의 일을
이 수년 내에 부흥하게 하옵소서 이 수년 내에 나타내시옵소서 진노 중에라
도 긍휼을 잊지 마옵소서

선지자의 기도

– 주인공은 내가 아니라 당신입니다!

이미 본 바와 같이, 3장은 "선지자 하박국의 기도"라는 표제를 달고 있다. 그러나 사실상 기도는 2절뿐이고 나머지는 모두 노래이다. 이 기도를 하박국이 1장에서 쏟아내었던 기도와 대조해 보면 놀라운 사실을 발견하게 된다. 1장의 기도는 전적으로 하박국 자신에게 초점과 우선권이 주어져 있다. 온통 "내가"로 가득하다. 그러나 3장의 문을 여는 이 기도는(2절) 온통 "여호와" "주"에 초점과 우선권이 있다. 당연히 기도의 분위기도 다르다. 1장의 기도는 씩씩거리며 따져 묻는 혈기가 느껴지는 항변이다. 3장의 기도는 다

소곳이 그러나 무엇엔가 확신이 넘치는 저력이 느껴지는 노래이다. 1장의 기도는 따져 물으며 추궁하고 있다. 3장의 기도는 겸손히 간구하고 있다. 이러한 대조를 의식하는 것만으로도 우리 자신의 기도를 다시 돌아보게 도전받는다.

선지자는 이 간구를 하면서 "내가 주께 대한 소문을 듣고 놀랐나이다"라는 말로 시작한다. 선지자가 들은 "주께 대한 소문"의 내용에 대하여는 주석가들의 의견이 나누어져 있다. 앞장에서 하나님의 답변을 통하여 들은 심판과 징벌에 관한 이야기(1:5-6)를 말한다고 보는 견해가 있다. 그런가 하면 주께 대한 소문은 하나님의 구원하시는 행동을 가리키는 것으로 구체적으로는 출애굽 사건을 지칭하는 "과거에 대한 회상"을 의미하는 것으로 해석하기도 한다. 그러나 여기서 말하는 선지자가 들은 소문은 하나님의 심판에 대한 이야기를 한다고 이해하는 것이 옳다. 뒤에 스스로 말하는 것처럼 선지자로 하여금 창자가 흔들리고, 입술이 떨리고, 뼈가 썩는 것 같고, 다리가 후들거리게 한 것(16절)은 바로 그 소문이다. 이러한 소문을 듣고 그렇게 길길이 뛰며 항변하던 선지자가 기도하고 있다. 그런데 그 기도의 내용이 참으로 놀랍다. 그가 드리는 짧은 기도는 세 가지의 중요한 내용을 담고 있다.

하나님의 뜻을 이루소서

지금껏 선지자가 하나님께 거칠게 항변하며 요구하였던 것은 하나님이 하박국 자신의 요구대로 행하지 않으신다는 것이었다. 나는 보는 것을 하나님은 왜 못 보시는 것입니까? 내가 보여드리고 알려드리는 것을 왜 모른 체하시는 것입니까? 내가 보여드린 것을 보시고, 내가 부르짖으며 알려드린 대로 아시고, 이제 그에 맡게 행하십시오. 지금 당신이 하시는 대로 계속하신다면 당신은 하나님이 아니신 것입니다. 이런 식이었다. 하박국 자신의 논리와 신학과 신앙이 판단하는 대로 하나님이 움직이셔서 자기가 인정할 수 있는 하나님이 되시라는 요구였다. 사실 우리가 신앙생활을 하면서 흔히 하나님과 사이에서 겪는 갈등도 이런 것이다. 내가 요구하는 대로 행하셔야 하나님이신 것이라고 하나님을 몰아세우는 것이다. 상황이 이렇게 돌아가는데 무슨 하나님이 계신단 말인가? 이럴 때는 이러해야 하나님이신 거지! 요나서 4장에서 만나는 선지자 요나도 그러한 고집으로 하나님을 향하여 분노를 쏟아낸 사람 가운데 하나다.

하박국의 갈등도 바로 그것이었다. 자기가 확신하는 신앙의 원리가, 자기가 확신하는 신학의 내용이 전혀 먹히지 않는 현실에서 겪는 하나님에 대한 갈등이 그의 고통이었다. 그런데 이제 선지자는 그 태도가 혁명적으로 바뀌고 있다. 대반전이 일어났다. 그는 이렇게 기도한다. "여호와여 주는 주의 일을 이 수년 내에 부흥케 하옵소서 이 수년 내에 나타내시옵소서." 그는 하나님의 뜻을 이루시기를 간구하고 있다. 하나님께서 이미 그에게 말씀하셨고 그래서 그렇게 놀라고 항의하였던 그 일을 이루시라고 기도하는 것이다. 그가 이미 들어서 알고 있는 일차적인 하나님의 일은 무엇인가? 갈대아를 일으켜 유다를 심판하시겠다는 것이다. 물론 주의 뜻에는 종국적으로는 유다를 멸망케 한 갈대아를 심판하고 멸망시킨다는 사실이 포함된 것도 사실이다. 그러나 당장은 갈대아가 유다를 쳐올라오는 환난이 실현되는 것을 지칭한다.

주의 일을 이루소서

그런데도 하박국은 기도한다. "주의 일을 이루시옵소서." "주의 일을 나타내시옵소서." 주께서 나에게 말씀하신 그 일을 행하시라는 기도이다. 그가 말하는 "주의 일"의 우선적인 내용은 하나님께서 갈대아가 유다를 쳐들어와서 쑥대밭을 만들어버리려는 계획을 담고 있다. 그런데도 하박국은 이제 그것이 주의 일이요 주의 뜻이니 그 일을 속히 이루시라고 기도한다. 자기 자신이 아니라, 하나님에게 모든 초점과 우선순위를 집중하고 있다. 마치 주기도문의 한 대목을 듣는 것 같다. "이름이 거룩히 여김을 받으시오며, 나라이 임하옵시며, 뜻이 하늘에서 이루어진 것 같이 땅에서도 이루어지이다." 하나님의 이름이 거룩히 여김을 받고, 하나님의 나라가 임하고, 하나님의 뜻이 이루어지는 것, 그리고 그 역사에 참여하는 것이 신자에게는 가장 큰 복이다. 하박국은 이제 그 사실을 알고 있다. 그리고 그렇게 되기를 구하고 있다.

누가복음 1장의 마리아를 떠오르게 한다. 마리아는 아들을 잉태하였다는 가브리엘 천사의 말을 듣고 즉각적으로 "나는 남자와 관계를 맺은 적이 없습니다. 그것은 불가능합니다"라고 거부하였다. 그러나 조목조목 가브리엘 천사의 설명을 한참 들은 후에 마리아는 즉각적으로 고백한다. "주의 계집종입니다. 말씀하신 대로 이루어져야 합니다." 그러나 처녀 마리아가 아이를 뱄다는 사실은 동네 사람들에게 끌려가서 돌에 맞아 죽을지도 모르는 억울하고 위험한 현실을 전제하고 있다. 만약 정혼한 남자 요셉이 이 사실을 알고 파혼을 선언해버리면 마리아는 평생을 혼자서 살아야 하는 원통함을 걸머져야 할 위험이 도사리고 있다. 나아가서 마리아의 부모가 가문을 더럽힌 이 딸을 더 이상 자식이 아닌 것으로 선언해버리면 마리아는 평생을 매음굴에 들어가서 혼자 살다 죽어야 하는 비참한 현실이 닥칠 위험을 전제하고 있다. 그런데도 마리아는 그래서 즉각적으로 거부했던 그 일을 이제는 주의 말씀대로 이루어져야 한다고 받아들인다. 자신의 안전이 아니라 주의 일이 이루어지는 것이 우선이요, 자신이 위험에 처해도 주의 일을 이루는 일에 참여하는 것이 은혜라는 사실을 깨달은 사람의 처신으로 대반전을 이룬 것이다. 마가복음 5장의 군대 귀신 들린 사람이 떠오르게 한다. 그는 군대 귀신에 사로잡혀 인간성을 상실한 채 무덤가에서 소리를 지르며 살던 사람이었다. 자기를 향하여 다가오시는 예수님을 강하게 거부하여 부르짖었다. "하나님의 아들 예수여 당신이 나와 무슨 상관이 있단 말입니까?" 그러나 다가오신 예수님을 만나고 즉시 예수님께 간청하였다. "내가 평생 당신을 따라다니도록 나를 받아주십시오."

하박국 선지자는 주체를 자신으로부터 하나님께로 바꾸어 말하고 있다. 자기의 역사가 아니라, 하나님의 역사에 초점이 맞추어져 있다. 자기의 성취가 아니라, 하나님의 성취에 목적을 두고 있다. 자기의 평안함이 아니다. 자기의 뜻도 아니다. 자기의 목적도 아니다. 자기의 먹을 것도 입을 것도 마실 것도 아니다. 오직 하나님의 일과 하나님의 뜻과 하나님의 나라가 이루어지기를 기도하고 있다.

부흥케 하소서

선지자는 주의 일을 부흥케 하시기를 간구한다. 선지자 제 일이 아니라 하나님의 일이 부흥케 하시기를 기도한다. 하나님의 일이 부흥할 때 진정한 우리의 부흥도 일어난다. 그의 나라와 그의 의가 왕성하게 이루어지는 곳에 우리 자신의 진정한 부흥도 일어나게 된다. 여기서 선지자가 구하는 부흥은 "죽었던 것을 다시 소성케 하는 것"을 의미한다는 사실을 잊지 말아야 한다. 부흥은 왁자지껄한 소란이 아니다. 부흥은 기적적으로 크기가 커지는 것도 아니다. 오늘날 많은 사람은 부흥을 "커지는 것"으로 생각하고 있지 않은가? 선지자가 말한 바에 의하면 부흥은 커지는 것이 아니라, 살아나는 것이다. 여기서 말하는 부흥의 실상을 생생하게 보여주는 현장의 사건으로 에스겔 37장을 들 수 있을 것이다. 골짜기의 바짝 마른 해골들이 하나님의 능력이 임하니 마침내 살아 일어나 큰 군대가 되는 사건이다. 에스겔 37장을 부흥이란 무엇인가를 보여주는 결정적인 장면이라는 관점에서 깊이 살펴볼 필요가 있다.

그러나 모든 생명 있는 것들은 반드시 자라간다. 모든 죽은 것들만 자라지 않는다. 그러므로 생명이 다시 살아나는 부흥은 필연적으로 자라가게 된다. 그동안 한국교회에는 부흥이란 무엇인가를 놓고 두 입장이 대립해왔다. 양적 부흥을 주장하는 입장과 질적 부흥을 주장하는 입장이다. 양적 부흥을 주장하는 이들은 질적 부흥을 무시하고, 질적 부흥을 주장하는 이들은 양적 부흥을 조롱해왔다. 그러나 모든 생명 있는 것들은 반드시 크기도 점점 더 커진다는 사실을 알아야 한다. 모든 여건이 정상적이라면 질적 부흥은 양적 부흥으로 이어지는 법이다. 양적 부흥이 궁극적 목적이 되면서 초래하는 부작용과 부흥을 이룬 것이 기득권이 되면서 일으키는 후유증을 부흥 자체의 문제로 오해하여 부흥을 죄악시할 필요는 없다. 그것들은 부흥기에 정신을 차리고 경계하고 조심해야 할 일들이지, 그러니까 부흥을 해서는 안 되는 것이라고 할 일은 아니다.

진노 가운데서도 긍휼을 잊지 마소서

선지자의 마지막 간구는 "진노 중에라도 긍휼을 잊지 마옵소서"이다. 선지자는 바야흐로 심판과 징벌의 시대가 도래하고 있음을 감지하고 있다. 그것은 일차적으로 이 백성의 범죄와 악으로 말미암은 것이다. 하나님의 진노를 사서 불어닥친 현실이다. 그러나 선지자는 그러한 때에도 하나님께서 자기 백성을 향한 긍휼을 잊지 마시기를 간구한다. 원수들을 망하게 하는 것에 관심을 집중하는 것이 아니라, 그러한 현실에서 우리가 입어야 할 하나님의 긍휼에 관심을 집중하고 있다. 왜 진노하시지 않느냐고 따져 묻던 선지자가 이제는 진노 중에서 긍휼을 베푸실 것을 간구하고 있다. 진노 중에라도 긍휼을 잊지 마시라고 간구할 수 있다는 사실이 갖는 엄청난 은혜를 우리는 소홀히 여기지 말아야 한다. 하나님 앞에서 인간이 가장 인간답고 겸손한 모습을 취하는 것은 아마도 죽을죄를 범해놓고도 죽이지 말아 달라고 매달리는 모습일 것이다. 그리고 하나님께 그렇게 말할 수 있는 관계를 맺고 있다는 것은 참으로 놀라운 은혜요 특혜일 것이다.

뻔뻔함의 겸손

잘못했으면 당당하게 책임을 지는 것이 하나님 앞에서 책임감 있고 옳은 태도지, 제발 벌을 내리지 마시라고 요청하는 것은 무책임하고 뻔뻔스러운 것 아니냐는 생각을 가질 수 있다. 얼핏, 뻔뻔하고 불경건한 태도인 것처럼 보일 수 있다. 그러나 이야말로 죄인인 우리가 거룩한 하나님 앞에서 취할 가장 인간적이고 겸손한 모습이다. 하나님은 하나님이시고 우리는 인간인 것을 가장 선명하게 드러내는 우리의 모습이다. 어차피 우리는 하나님의 아들을 죽이고 그 대가로 살아난 뻔뻔스러운 존재들 아닌가? 하박국의 이 기도는 나에게도 평생 잊을 수 없는 기도 제목이다. 죄 된 나의 모습 때문에 괴로움과 두려움으로 하나님 앞에 엎드릴 때 언제나 내놓는 나의 간구이기도 하다. "진노 중에라도 긍휼을 잊지 마옵소서!"

하나님의 진노가 임하면 우리는 죽음을 실감하며 살 수밖에 없다. 주님의 진노는 언제나 정당하고 언제나 혹독하다. 더러운 죄인인 나에게 거룩하신 하나님이 진노하시는 것은 옳고 당연하다. 나는 할 말이 없다. 그런데도 그의 진노는 감당하기 힘들고 무섭고 괴롭다. 그러니 밑도 끝도 없이, 자초지종 설명도 변명도 없이 그냥 매달릴 뿐이다. "긍휼을 잊지 마옵소서!" "못 살겠어요. 무서워요. 죽을죄를 지은 것은 맞지만 죽고 싶지 않아요. 나 좀 살려주세요." 현상의 아픔을 무시하고 마치 아무것도 아닌 양, 이러한 현상 자체는 중요한 것이 아닌 양, 그럼으로써 자신은 신앙 수준이 높은 신자인 양 치장하는 것은 정직하지 않다. 그 현실을 하나님께 털어놓고 아파하고 울고 하소연하는 것은 무책임하고 뻔뻔스러운 처신이 아니다. 전능하신 하나님 앞에서 제한된 인간이 갖출 수 있는 가장 겸손한 모습이다. 그래서 다윗도 매달린다. "여호와여 내 젊은 시절의 죄와 허물을 기억하지 마시고 주의 인자하심을 따라 주께서 나를 기억하시되 주의 선하심으로 하옵소서"(시 25:7). "하나님이여 주의 인자를 따라 내게 은혜를 베푸시며 주의 많은 긍휼을 따라 내 죄악을 지워 주소서 나의 죄악을 말갛게 씻으시며 나의 죄를 깨끗이 제하소서"(시 51:1-2). 자기의 죄를 지우고, 씻고, 제하여 주시라고 간구한다. 그렇게 할 수 있는 근거로 숨 가쁘게 쏟아내는 것이 무엇인가? 주의 인자, 주의 은혜, 주의 많은 긍휼이다. 우리의 책임이 아니라, 불쌍히 여겨주시는 하나님의 긍휼이다. 저지른 죄악으로 닥쳐온 심판에서 우리를 살리는 것은 하나님의 인자하심과 은혜와 긍휼뿐이다. 하나님이 긍휼을 잊지 않으셔야 우리는 살 수 있다.

하나님 앞에서 잘못한 것은 자신이 당당하게 책임을 감당하여 해결하겠다는 태도보다 더 교만한 것이 어디 있는가? 인간 그 누가 자신이 잘못해서 된 일이므로 자기가 떳떳하게 책임을 감당하여 문제를 해결할 수 있단 말인가? 하나님의 긍휼이 아니면 모두 죽임을 당하고 망할 수밖에 없는 존재들 아닌가? 자기의 잘못을 인정하고 그러므로 잘못에 대하여 책임을 감당하겠다는 위장된 겸손이 우리로 하여금 죄를 범하고도 하나님 앞에서 벌을 내리지 말아 달라고 매달리는 참된 겸손을 가로막는다. "내가 신앙생활 제대로 하지 않아서 벌을 받아 일어난 일이니, 제가 감당을 해야지요. 이번 일을 잘 해결하고 나면 다시 신앙생활을 철저히 하려고 결심하고 있습니다." 내가 목회를 하던 어느 날 병원 심방을 갔다가 들은 말이었다. 인간 그 누가 자신의 잘못을 자기가 책임지고 해결하고 그다음에 당당하게, 그리고 떳떳하게 새 출발을 할 수 있단 말인가? 만약 그런 태도를 보인다면 그것은 하나님 앞에서 책임감 있고, 분별력이 있는 사람이 아니라, 주제를 모르고 까부는 교만한 사람일 뿐이다.

심지어 진노를 당한 자가 최우선으로 할 것은 회개가 아니다. 하나님의 진노는 우리에게 회개를 생각하고 회개의 모습을 취할 여유도 주지 않는다. 우리는 회개를 하여 용서를 획득하여 하나님이 진노를 취소시켜서 사는 게 아니다. 회개가 필요 없다는 말이 아니다. 하나님의 진노 앞에서 그렇게나 여유를 부릴 경황이 없다는 말이다. 다만 살려달라고 애원하고 울고 애통하고 부르짖을 수 있을 뿐이다. 우리는 회개로 용서를 획득하여 고통을 벗어나 다시 사는 게 아니다. 불쌍히 여겨주시는 하나님의 긍휼의 은혜로 사는 것뿐이다. 회개 운동은 위기를 넘기기 위하여 하나님을 다루는 우리의 전략 전술이 아니다. 고통의 자리에서 다시 살길을 얻는 것은 하나님 아버지의 긍휼의 열매이지, 우리가 회개하여 얻은 획득물이 아니다. 더는 못 살겠으니 하여튼 살려달라고 애통하고 탄식하는 자기 백성에게 하나님은 긍휼의 은총을 베푸신다. 그렇게 우리는 고통과 죽음의 구렁텅이에서 하나님의 긍휼을 맛본다. 불쌍히 여겨주시는 하나님을 경험한다. 그렇게 하나님을 만나고 경험한 사람은 반드시 회개한다. 그러므로 긍휼이 먼저다. 회개는 결과요 필연이지 원인이나 수단이 아니다. 그러므로 누가 진정으로 회개하는 자리에 이르렀다면 그것 자체가 이미 큰 은혜의 결과임을 알아야 한다. 회개는 은혜를 얻기 위하여 문을 두드리는 첫 출발이 아니라, 은혜를 받았기 때문에 나타내는 반응이다. 그러므로 우리는 심각하고도 당당하게 하나님께 간구할 수 있다. "진노 중에라도 긍휼을 잊지 마옵소서!" 그렇게 우리는 은혜의 보좌 앞에 담대히 나아가야 한다.

I

하박국 3:3-15

³ 하나님이 데만에서부터 오시며 거룩한 자가 바란 산에서부터 오시는도다 (셀라) 그의 영광이 하늘을 덮었고 그의 찬송이 세계에 가득하도다 ⁴ 그의 광명이 햇빛 같고 광선이 그의 손에서 나오니 그의 권능이 그 속에 감추어졌도다 ⁵ 역병이 그 앞에서 행하며 불덩이가 그의 발 밑에서 나오는도다 ⁶ 그가 서신즉 땅이 진동하며 그가 보신즉 여러 나라가 전율하며 영원한 산이 무너지며 무궁한 작은 산이 엎드러지나니 그의 행하심이 예로부터 그러하시도다 ⁷ 내가 본즉 구산의 장막이 환난을 당하고 미디안 땅의 휘장이 흔들리는도다 ⁸ 여호와여 주께서 말을 타시며 구원의 병거를 모시오니 강들을 분히 여기심이니이까 강들을 노여워하심이니이까 바다를 향하여 성내심이니이까 ⁹ 주께서 활을 꺼내시고 화살을 바로 쏘셨나이다 (셀라) 주께서 강들로 땅을 쪼개셨나이다 ¹⁰ 산들이 주를 보고 흔들리며 창수가 넘치고 바다가 소리를 지르며 손을 높이 들었나이다 ¹¹ 날아가는 주의 화살의 빛과 번쩍이는 주의 창의 광채로 말미암아 해와 달이 그 처소에 멈추었나이다 ¹² 주께서 노를 발하사 땅을 두르셨으며 분을 내사 여러 나라를 밟으셨나이다 ¹³ 주께서 주의 백성을 구원하시려고, 기름 부음 받은 자를 구원하시려고 나오사 악인의 집의 머리를 치시며 그 기초를 바닥까지 드러내셨나이다 (셀라) ¹⁴ 그들이 회오리바람처럼 이르러 나를 흩으려 하며 가만히 가난한 자 삼키기를 즐거워하나 오직 주께서 그들의 전사의 머리를 그들의 창으로 찌르셨나이다 ¹⁵ 주께서 말을 타시고 바다 곧 큰 물의 파도를 밟으셨나이다

여호와께서 오신다

– 당신 오시는 모습에 신바람이 납니다

하나님의 나타나심(3–15절)

진노하시는 하나님이 심판하기 위하여 오시는 모습을 상상해 본 적이 있는가? 하박국은 진노하신 하나님이 오시는 모습을 생생하게 보고 있다. 지금까지 1장과 2장에서는 갈대아 사람들의 모습이 제시되었다. 그런데 이제 여호와 하나님이 등장하신다. 하박국 3장은 전체 열아홉 구절 가운데 열네 절이 하나님이 오시는 모습이다. 하나님의 진노가 현실이 되어 그 현실 가운데서 죽음을 경험하며 하루하루를 살아가야 하는 현장을 떠올려본 적이 있는가? 하박국은 하나님의 진노가 현실이 되어버린 현장과 그 현장에서 하루하루의 삶을 살아야만 하는 자기의 심정을 소상히 진술한다. "내가 들었으므로 내 창자가 흔들렸고 그 목소리로 말미암아 내 입술이 떨렸도다 무리가 우리를 치러 올라오는 환난 날을 내가 기다리므로 썩이는 것이 내 뼈에 들어왔으며 내 몸은 내 처소에서 떨리는도다 비록 무화과나무가 무성하지 못하며 포도나무에 열매가 없으며 감람나무에 소출이 없으며 밭에 먹을 것이 없으며 우리에 양이 없으며 외양간에 소가 없을지라도"(16-17).

선지자는 전사처럼 오시는 심판주 여호와 하나님의 모습을 보고 있다. 이 구절들은 생생한 그림 언어들로 가득 차 있다. 굳이 한 구절 한 구절 해석해 볼 필요도 없다. 하나님이 오시는 모습을 기술한 내용을 그냥 읽기만 해도 그 모습이 눈에 선하게 떠오른다. 그 위력이 생생하게 느껴진다. 출애굽 때의 홍해 사건, 요단강 사건, 그리고 여호수아의 가나안 정복 전쟁 때에 일어난 사건을 연상케 하는 역사적 암시들로 채워져 있다. 본문은 사실상 우리에게 단어나 문장을 분석하고 해석하기 전에 본문이 보여주는 그림을 떠올리고, 광경을 목격하라고 요구하는 셈이다.

> 하나님이 데만에서부터 오시며 거룩한 자가 바란 산에서부터 오시는도다(셀라) 그의 영광이 하늘을 덮었고 그의 찬송이 세계에 가득

하도다 그의 광명이 햇빛 같고 광선이 그의 손에서 나오니 그의 권능이 그 속에 감추어졌도다 역병이 그 앞에서 행하며 불덩이가 그의 발밑에서 나오는도다 그가 서신즉 땅이 진동하며 그가 보신즉 여러 나라가 전율하며 영원한 산이 무너지며 무궁한 작은 산이 엎드러지나니 그의 행하심이 예로부터 그러하시도다 내가 본즉 구산의 장막이 환난을 당하고 미디안 땅의 휘장이 흔들리는도다 여호와여 주께서 말을 타시며 구원의 병거를 모시오니 강들을 분히 여기심이니이까 강들을 노여워하심이니이까 바다를 향하여 성내심이니이까 주께서 활을 꺼내시고 화살을 바로 쏘셨나이다 주께서 강들로 땅을 쪼개셨나이다 산들이 주를 보고 흔들리며 창수가 넘치고 바다가 소리를 지르며 손을 높이 들었나이다 날아가는 주의 화살의 빛과 번쩍이는 주의 창의 광채로 말미암아 해와 달이 그 처소에 멈추었나이다 주께서 노를 발하사 땅을 두르셨으며 분을 내사 여러 나라를 밟으셨나이다 주께서 주의 백성을 구원하시려고 기름 부음 받은 자를 구원하시려고 나오사 악인의 집의 머리를 치시며 그 기초를 바닥까지 드러내셨나이다(셀라) 그들이 회오리바람처럼 이르러 나를 흩으려 하며 가만히 가난한 자 삼키기를 즐거워하나 오직 주께서 그들의 전사의 머리를 그들의 창으로 찌르셨나이다 주께서 말을 타시고 바다 곧 큰 물의 파도를 밟으셨나이다 (합 3:3-15).

갈대아가 등장하는 모습과 여호와께서 등장하여 오시는 모습은 여러 면에서 극적인 대조를 이룬다. 갈대아는 천하제일의 강력한 힘과 세력을 가진 자의 모습으로 부각되어 나타났다. 그리고 그들의 그 막강한 힘은 그들이 마음껏 잔인하고 악독한 폭력을 저지르는 근거로 동원되었다. 그들은 맘만 먹으면 무엇이든 원하는 대로 할 수 있는 힘을 가진 자들로 등장하였다. 세상은 마치 그들의 세상으로 여겨질 정도로 그들은 강력한 존재들이었다. 그런데 이제 여호와께서 오시고 있다. 이 두 모습은 극단적 대조를 이룬다.

오시는 모습과 위력의 대조

첫째는 그 모습과 위력의 극적인 대조다. 하나님이 나타나시기 전에는(1-2장) 갈대아 사람들이 오는 모습이 가장 권세 있고, 아무도 맞설 수 없고, 가장 강력한 모습이었다. 세상에는 그들의 적수가 없다고 여겨질 정도로 그들은 강하고 두려운 모습이었다. 그런데 하나님께서 나타나시는 모습을 보고 나니 갈대아 사람들의 모습은 오히려 초라하고 별것 아닌 것으로 보인다. 하나님이 오시는 모습과 하나님이 오심으로 일어나는 현상들에 비추어서 갈대아 사람들의 모습을 보기 때문이다. 하나님이 오시면 인간은 말할 것도 없고 심지어 자연의 모든 피조물까지도 혼비백산한다. "산들이 주를 보고 흔들리며 창수가 넘치고 바다가 소리를 지르며 손을 높이 들었나이다"(10절). 하나님이 쏘신 화살이 날아가면서 나타내는 빛과 휘두르시는 창의 번쩍임만으로도 해와 달이 멈출 정도로 그 위력이 비할 바가 없다. "날아가는 주의 화살의 빛과 번쩍이는 주의 창의 광채로 말미암아 해와 달이 그 처소에 멈추었나이다"(11절).

하박국이 드러내는 여호와 하나님이 오시는 모습은 욥기의 끝에 가서 욥에게 나타나셨던 하나님을 연상케 한다. 여호와 하나님은 두 번에 걸쳐 욥에게 나타나셨다. 그리고 호령하시며 80가지도 넘는 도전적 질문을 소나기를 퍼붓듯 쏟아부으신다. 그 모든 질문의 핵심은 하나같이 하나님이 어떤 분이신가, 하나님의 지식과 능력이 얼마나 뛰어난가를 생생하게 드러내는 데 집중되어 있다. "그때에 여호와께서 폭풍우 가운데에서 욥에게 말씀하셨다. 무지한 말로 이치(생각)를 어둡게 하는 자가 누구냐? 너는 대장부처럼 허리를 묶고 내가 네게 묻는 것을 대답하라!" 그리고 숨넘어가듯 질문을 던지신다. 사이사이에 진술을 넣어가며 40개가 넘는 질문을 쏟아부으시는데 그 질문의 핵심은 하나님이 얼마나 능하시고 뛰어나시고 초월적이시고 또 세상의 삼라만상을 섭리와 주권으로 다스리시는 분인가를 극명하게 드러내는 데 초점이 맞추어져 있다. 욥이 자기는 비천한 존재임을 고백하면서 손으로 입을 가릴 뿐 할 말이 없으며 다시는 입을 열지 않겠노라고 고백하는데도 하나님은 다시 폭풍 가운데서 욥에게 20여 번 질문을 쏟으시며 여호와 하나님의 위엄과 능력을 드러내신다. 욥은 드디어 여호와께 대답한다

(욥 42:1). 결국 욥이 깨달은 것, 그리하여 도달한 결론은 그것이다. "주께서는 못 하실 일이 없사오며 무슨 계획이든지 못 이루실 것이 없습니다!"(42:2). "내가 주께 대하여 듣기만 하였사오나 이제는 눈으로 주를 뵈옵나이다! 그러므로 내가 스스로 거두어들이고 티끌과 재 가운데에서 회개하나이다!"(5-6절). 하박국 3장에 바란으로부터 오시며 데만으로부터 오시는 하나님이 그 하나님이다.

깨닫는 사실

그렇게 두렵고 떨리던 갈대아를 하나님이 오시는 모습에 비추어보니 얼마나 별것 아닌가를 시각적으로 생생하게 확인하면서 깨닫는 것이 있다. 우리는 우리 자신이 처한 문제를 그 문제 자체가 아니라, 그 문제보다 훨씬 더 크신 하나님 앞에서 보아야 한다는 사실이다. 갈대아가 판을 치는 세상 속에서 살아도 갈대아의 모습이 아니라, 하나님의 모습을 떠올려야 한다. 갈대아의 모습을 하나님의 모습과 대조시켜 보는 눈으로 살아야 한다. 이것은 민수기 13-14장의 열두 정탐꾼 사건에서도 생생하게 드러난다. 열두 사람이 가나안 정탐을 떠났다. 그들은 40일 동안 한 팀이 되어 함께 다니며 가나안을 자세하게 정탐하였다. 그러나 같이 다니며 같은 곳에서 같은 것을 보고 돌아온 그들은 두 패로 갈리어 정반대의 결론을 내놓았다. 열 사람은 가나안에 절대로 들어갈 수 없다는 것이었다. 그들(가나안)은 우리(이스라엘)보다 크고 더 강하고 우리는 그들이

볼 때 메뚜기와 같다는 것이 열 사람의 결론이었다. 그에 대하여 여호수아와 갈렙 두 사람은 그냥 들어가면 되니 가자는 것이었다. 우리가 그들에게 메뚜기가 아니라, 그들이 우리의 밥이라는 것이 이 두 사람의 결론이었다. 똑같이 가서 똑같이 본 가나안에 대한 결론이었다. 무엇이 이렇게 정반대의 결론을 내리게 만든 것인가? 열 사람이 끈질기게 제시하는 근거는 '그들'과 '우리'의 비교에 있다. 열 사람은 귀국보고회의 발언권을 거의 독점하면서 말한다. 그들은 가나안은 얼마나 우리보다 강하며 우리에게 얼마나 무서운 존재인가를 길게 말한다. 그리하여 백성들을 공포 가운데로 밀어 넣는다.

> 그러나 그 땅 거주민은 강하고 성읍은 견고하고 심히 클 뿐 아니라 거기서 아낙 자손을 보았으며 아말렉인은 남방 땅에 거주하고 헷인과 여부스인과 아모리인은 산지에 거주하고 가나안인은 해변과 요단 가에 거주하더이다.... 우리는 능히 올라가서 그 백성을 치지 못하리라 그들은 우리보다 강하니라... 우리가 두루 다니며 정탐한 땅은 그 거주민을 삼키는 땅이요 거기서 본 모든 백성은 신장이 장대한 자들이며 거기서 네피림 후손인 아낙 자손의 거인들을 보았나니 우리는 스스로 보기에도 메뚜기 같으니 그들이 보기에도 그와 같았을 것이니라 (민 13:28-33).

그러나 여호수아와 갈렙이 가나안으로 올라가자고 당당하게 주장하며 내세우는 근거는 그것이 아니다. 이 두 사람은 초지일관 가나안과 우리가 아니라, 그 땅을 우리에게 주시겠다고 약속하신 '하나님'과 '그들'을 비교한다. 그리고 그것을 근거로 결론을 내린다.

> 갈렙이 모세 앞에서 백성을 조용하게 하고 이르되 우리가 곧 올라가서 그 땅을 취하자 능히 이기리라... 그 땅을 정탐한 자 중 눈의 아들 여호수아와 여분네의 아들 갈렙이 자기들의 옷을 찢고 이스라엘 자손의 온 회중에게 말하여 이르되 우리가 두루 다니며 정탐한 땅은 심히 아름다운 땅이라 여호와께서 우리를 기뻐하시면 우리를 그 땅으로 인도하여 들이시고 그 땅을 우리에게 주시리라 이는 과연 젖과 꿀이 흐르는 땅이니라 다만 여호와를 거역하지는 말라 또 그 땅 백성을 두려워하지 말라 그들은 우리의 먹이라 그들의 보호자는 그들에게서 떠났고 여호와는 우리와 함께 하시느니라 그들을 두려워하지 말라 (민 13:30, 14:6-9).

백성들과 열 정탐꾼이 합세하여 자기들이 형성한 여론과 반대 주장을 굽히지 않는 여호수아와 갈렙을 돌로 쳐 죽이려고 하는 순간 하나님께서 나타나셨다. 그리고 이러한 사태가 발생한 근본 문제가 무엇인지 명쾌하게 밝히신다. "여호와께서 모세에게 이르시되

이 백성이 어느 때까지 나를 멸시하겠느냐 내가 그들 중에 많은 이적을 행하였으나 어느 때까지 나를 믿지 않겠느냐"(민 14:11). 결국 하나님에 대한 믿음의 문제였다. 열 사람과 그들을 따른 백성이 그렇게 결론을 내린 것은 하나님을 믿지 않았기 때문이다. 하나님께서 그들이 하나님을 믿지 않았다고 판정하는 구체적인 내용은 본문에서 분명하다. 가나안을 그곳으로 인도하여 들여놓겠다고 하신 하나님을 근거로 판단하지 않은 것이다. 가나안을 하나님의 눈으로 보지 않은 것이다. 그들은 초지일관 들어가서 싸울 가나안과 그들을 이길 능력이 없는 자기들을 비교하여 결론을 내리고 있다. 열 사람의 눈에는 자기들이 가나안 사람들 앞에 메뚜기로 보였다. 그러나 여호수아와 갈렙의 눈에는 가나안 사람들이 그들의 밥으로 보였다. 열 사람은 자기들과 비교하여 상대방을 본 것이고, 두 사람은 하나님과 비교하여 상대방을 본 것이었다. 우리가 삶의 현장에서 직면하는 문제들을 우리의 해결 능력과 비교하여 보면 우리는 늘 그 문제 앞에서 메뚜기일 뿐이다. 그러나 하나님과 그 문제를 비교하여 다가가면 그것들은 늘 우리의 밥일 뿐이다. 위기는 늘 또 하나의 기회로 여겨질 뿐이다. 하나님을 믿지 않는 것은 하나님을 멸시한 것이고 그들은 스스로 말했던 대로 가나안에 들어가지 못한 채 광야에서 다 죽어야 했다. 오직 여호수아와 갈렙만 그들이 믿은 대로 가나안에 들어갔다.

오시는 목적의 대조

그 위용과 능력이 보여주는 현상적인 대조만이 아니다. 하나님이
오시는 목적도 극단적인 대조를 이룬다. 갈대아가 오는 목적은 도
륙과 탈취와 물불을 가리지 않는 수단을 동원하여 자기의 탐욕을
충족시키려는 데 있다. 한 마디로 그들은 있는 힘을 다 동원하여
폭력을 행하고 그것으로 자기의 탐욕을 채우는 자들이다. 또한 자
기들의 힘을 자기들의 신처럼 내세우며 자기가 역사의 주인행세를
하고자 하는 자들이다. 끝없는 오만과 방자함이 그들의 힘을 과시
하고 발동하는 목적이다(1:6-11, 2:5-19). 그들은 한 마디로 "강포를
행하러 오는" 자들이요, "사람을 사로잡아 모으기를 모래 같이 많
이 하는" 자들이다(1:9). "자기의 욕심을 넓히며… 족한 줄을 모르
고" 여러 나라와 여러 백성을 자기 소유로 만들고자 강포를 행하고
노략하고 피 흘리는 자들이다(2:5). 그리고 "자기들의 힘을 자기들
의 신으로 삼는 자들"이다(1:11). 갈대아가 오는 모습, 그들이 오는
목적, 그 목적 성취를 위하여 그들이 행하는 행동들을 소상하게 진
술하는 이 두 단락에서는 사실상 같은 의미의 말들이 거듭 반복된
다. 점령, 강포, 범죄, 피흘림, 피로 건설, 불의로 건축, 노략, 부당
한 이익 등등이 그들을 묘사하는 절대적인 표현들이다.

선지자는 전사처럼 오시는 하나님의 모습을 보면서 하나님이 나타
나시는 목적을 묻는다. "여호와여 주께서 말을 타시며 구원의 병거

를 모시오니 강들을 분히 여기심이니이까 강들을 노여워하심이니이까 바다를 향하여 성내심이니이까"(8절). 그리고 얻는 대답은 두 가지다. 첫째는 열국의 심판이요, 둘째는 자기 백성과 기름 부음 받은 자의 구원이다(13절). "주께서 주의 백성을 구원하시려고 기름 부음 받은 자를 구원하시려고 나오사 악인의 집의 머리를 치시며 그 기초를 바닥까지 드러내셨나이다"(3:13). 하나님의 악인 심판과 자기 백성 구원은 별개의 두 동작이 아니다. 하나님이 권능과 위엄으로 오시면 악인들은 심판을 받고 그의 백성은 구원을 얻는다. 하나님은 원수들에게는 공의의 심판을, 자기 백성에게는 자비의 구원을 성취하신다. 그러므로 하나님이 오시면 악인은 두려워 떨고 그의 백성은 환희의 찬송을 부른다. 하나님의 심판 행위는 늘 이중적 효과를 성취한다.

하나님의 오심을 기다리는 사람들

사실 하나님의 백성은 하나님이 오시기를 기다리며 사는 사람들이다. 하나님의 오심은 악한 세력들에 대하여는 심판이요, 하나님의 백성들에게는 신원이요 구원이다. 그러므로 "여호와의 날"은 언제나 하나님의 백성에게 위로와 즐거움의 날이다. 하박국과 동시대의 선지자인 나훔은 앗수르의 니느웨에 대한 하나님의 심판을 선언하면서 이 사실을 극명하게 드러낸다. 그는 하나님을 가리켜 복수하시는 하나님과 신원의 하나님으로 소개한다. 하나님을 거스르며 대적하는 자들인 니느웨에게 그들의 대적이 되시는 것은(나 1:2, 2:13), 다른 편의 사람들, 즉 하나님을 의뢰하는 사람들에게는 산성이 되심을 의미한다(나 1:7). 하나님의 심판행위가 니느웨에게는 멸망과 죽음의 사건인 반면, 유다에게는 위안이요, 영광의 회복이요(나 2:2), 손뼉을 치며 즐거워할 만한 위로와 구원의 사건이 된다(나 3:19). 나훔은 하나님의 대적자들인 니느웨에 대한 진노가 하나님을 의뢰하는 자들인 유다에게 이루어내는 결과를 소상하게 밝힌다. 자기 백성의 보호와 위로(1:7), 자유의 회복(12-13절), 언약적 예배의 회복(15절), 자기 백성(자기 자신)의 영광의 회복(2:2), 하나님의 백성의 기쁨과 환희(3:19)이다.

신약의 요한계시록에서도 이것은 분명하다. 주님이 오시는 사건은 어떤 사람들에게는 두려운 심판의 날이다. 그러므로 그들은 부르짖는다. "땅의 임금들과 왕족들과 장군들과 부자들과 강한 자들과 모든 종과 자유인이 굴과 산들의 바위 틈에 숨어 산들과 바위에게 말하되 우리 위에 떨어져 보좌에 앉으신 이의 얼굴에서와 그 어린 양의 진노에서 우리를 가리라 그들의 진노의 큰 날이 이르렀으니 누가 능히 서리요 하더라"(계 6:15-17). 그런가 하면 "아멘 주 예수여 오시옵소서"(계 22:20)라고 외치며 오시는 왕을 맞이할 그의 백성들이 있다. 사도 바울이 말한 대로 우리는 그날이 되면 오실 주님을 기다리며 산다. 그날에 주님이 오시면 우리는 어떻게 될 것인가를 분명히 알기 때문이다. "그러나 우리의 시민권은 하늘에 있는지라 거기로부터 구원하는 자 곧 주 예수 그리스도를 기다리노니 그는 만물을 자기에게 복종하게 하실 수 있는 자의 역사로 우리의 낮은 몸을 자기 영광의 몸의 형체와 같이 변하게 하시리라"(빌 3:20-21).

살아야 하는 현실

그러나 이렇게 노래하고 있는 하박국 앞에서 실제로 펼쳐지고 있는 그의 현실은 만만치 않다. 하나님이 오셔서 갈대아를 심판하고 유다를 신원하시는 것은 틀림없는 사실이다. 그러나 지금 하박국이 하루하루 살아야 하는 현장은 그것이 아니다. 오히려 갈대아가 그 포악한 폭력을 휘두르며 온갖 악행을 행하는 상황이 현실로 다가오는 시점이다. 그것을 생각하면 그는 정신을 차릴 수 없을 만큼 두렵고 떨리는 상황이다(3:16-17). 갈대아의 포악이 판을 치고, 바벨론의 위세와 그 세력이 영원할 것 같고, 세상의 그 누구도 대적할 수 없을 것으로 여겨지는 현실이다. 이에 비하여 하나님, 하나님의 오심, 하나님의 심판, 하나님의 구원하심은 언제일지도 모를 먼 훗날의 이야기이다. 당장은 눈에 보이지 않고, 다만 약속으로 주어지고 있을 뿐이다. 그 가운데서 하박국은 하나님의 오심을 본다. 그러한 현실 가운데서 자신의 시선을 현실이 아니라 하나님의 약속을 붙잡으면서 약속의 하나님께로 옮긴다. 갈대아가 지배하고 휘두르는 현실만 바라보고 있으면 갈대아는 천하무적이고, 그를 당할 자가 없고, 갈대아가 가장 커 보이고 그래서 그들이 가장 두렵고 무섭다. 그래서 16절과 같이 된다.

> 내가 들었으므로 내 창자가 흔들렸고 그 목소리로 말미암아 내 입술이 떨렸도다 무리가 우리를 치러 올라오는 환난 날을 내가 기다리므로 썩이는 것이 내 뼈에 들어왔으며 내 몸은 내 처소에서 떨리는도다 (3:16).

그러나 3-15절에서 본 하나님을 바라보면 차라리 갈대아는 초라하고 빈약하고 보잘것없다. 그들은 멸망할 뿐이다. 하나님이 나를 구하려고 그 놀라운 능력과 권세를 동원하신다. 그러므로 갈대아만 바라보던 시선을 옮겨서 하나님에게로 옮겨야 한다. 그렇게 할 수 있다. 이미 2장에서 받은 응답을 믿기 때문이다. 반드시 때가 있다. 하나님의 심판과 구원은 결코 거짓되지 않고 반드시 이루어진다. 그러니까 아무리 세상이 뒤집어져도 제 길을 가야 한다. 역사는 물이 바다를 덮음같이 하나님의 뜻이 성취되고 그의 영광이 온 세상을 다스리는 곳으로 지금도 진행하고 있다. 역사의 주인은 저들 현실 권력이 아니라, 하나님이시다. 하나님은 심판하신다! 하나님은 악을 제거하시고 자기를 의뢰하는 자들의 영광과 기쁨을 회복하신다! 사실상 이 본문은 이런 방식으로 악행하는 자들로 말미암은 억압과 손해와 괴로움과 환난의 시절을 현실적으로 당하고 있는 하나님을 의뢰하는 자들을 향한 격려를 던진다. 악이 득세하며 성공하는 것처럼 보이는 것이 지속되고 있는 현실 가운데서 어떤 역사관과 인생관과 신앙관을 갖고 살아야 할 것인가를 격려한다. 우리 주님은 반드시 다시 오신다. "내가 진실로 속히 오리라" 하셨다. 우리는 오시는 주님을 기다리며 오늘을 산다. 그 주님은 구원하는 자로 우리에게 오신다. 만물을 자기에게 복종하게 하시는 권세와 능력과 위엄을 가지고 오신다. 그분이 오시면 우리의 낮은 몸을 자기 영광의 몸과 같이 변화시키신다. 그날은 우리의 신원의 날이요, 승리의 날이요, 환희의 날이다. 이 사실을 믿기 때문에 모든 신자는 환난과 고통과 두려움의 현실에서도 그날을 바라보며 힘차게 살아갈 힘을 얻는다. 신자는 그래도 제 길을 간다.

> 그러나 우리의 시민권은 하늘에 있습니다. 우리 구주 예수 그리스도께서 하늘로부터 다시 오시는 날을 우리는 기다립니다. 그분은 우리의 죽을 몸을 변화시키셔서, 그분의 영광스런 몸과 같이 바꾸어주실 것입니다. 모든 만물을 다스리시는 그분의 능력이 우리를 변화시키실 것입니다. (빌 3:20-21, 쉬운성경).

|
하박국 3:16-19

¹⁶ 내가 들었으므로 내 창자가 흔들렸고 그 목소리로 말미암아 내 입술이 떨렸도다 무리가 우리를 치러 올라오는 환난 날을 내가 기다리므로 썩이는 것이 내 뼈에 들어왔으며 내 몸은 내 처소에서 떨리는도다 ¹⁷ 비록 무화과나무가 무성하지 못하며 포도나무에 열매가 없으며 감람나무에 소출이 없으며 밭에 먹을 것이 없으며 우리에 양이 없으며 외양간에 소가 없을지라도 ¹⁸ 나는 여호와로 말미암아 즐거워하며 나의 구원의 하나님으로 말미암아 기뻐하리로다 ¹⁹ 주 여호와는 나의 힘이시라 나의 발을 사슴과 같게 하사 나를 나의 높은 곳으로 다니게 하시리로다 이 노래는 지휘하는 사람을 위하여 내 수금에 맞춘 것이니라

04

환난 가운데서
부르는 노래

– 기뻐할 이유와 부를 노래가 있습니다

선지자는 승리자처럼 노래를 외쳐 부른다. 18절이 그것이다.

나는 여호와를 인하여 즐거워하며 나의 구원의 하나님을 인하여 기
뻐하리로다.

그는 여전히 즐거워할 이유가 있으며 지금도 부를 노래가 있다고
선언한다. 마치 개선장군의 모습을 보는 것 같다. 그가 얼마나 흥

분하고 있고, 얼마나 당당한 모습으로 우뚝 서 있는지, 그 모습이 눈에 선하다. 선지자는 이것을 수금에 맞추어 노래로 부르고 있다 (19절). 하박국서 첫 장면에서 우리가 본 모습은 이것이 아니었다. 즐거움이 아니라 분노였고 노래가 아니라 항변이었다. "어느 때까지 이러실 겁니까?" "왜 이러시는 것입니까?" "이런데도 하나님이신 것이 맞습니까?" 그렇게 불평에 찬 항변으로 하나님과 대면을 시작했던 선지자였다. 그런데 지금은 이렇게 당당하게 즐거움의 노래를 부르고 있다. 같은 사람이 보이는 이 두 모습은 극단적인 대조를 이룬다. 그 변화가 가히 혁명적이다. 무슨 좋은 일이 벌어졌기에 선지자는 이렇게 흥분하며 당당하게 노래를 부르는가?

닥치는 현실과 고통

바로 앞 절은 선지자가 처한 현실을 생생하게 보여준다. "무화과나무가 무성치 못하며 포도나무에 열매가 없으며 감람나무에 소출이 없으며 밭에 식물이 없으며 우리에 양이 없으며 외양간에 소가 없을지라도!"(17절). 온통 없고, 없고, 없고, 없고, 없고, 없고 뿐이다. 이것이 선지자에게 닥쳐오고 있는 현실이다. 선지자는 이런 현실을 살아야 한다는 것을 잘 알고 있다. 선지자가 없다고 말하는 것들은 있으면 좋지만 없어도 사는 데 큰 지장은 없는 편의품들이 아니다. 액세서리들도 아니다. 자동차가 없으면 대중교통을 이용하면 된다. 옷이 없으면 낡고 유행이 지났지만 입던 옷 다시 입으면 된다. 그러나 선지자가 지금 없다고 말하는 것들은 그런 정도의 것들이 아니다. 인간의 생존에 필요한 양식 전체이다. 없으면 생존을 유지할 수 없는 생필품들이다. 이것은 선지자 한 사람만 개인적으로 겪는 문제가 아니다. 그 사회, 그 시대 전체가 겪어야 한다. 삶의 현장에서 죽음을 경험하며 하루하루를 살아야 하는 현실이다. 그렇게 혹독하고 절망적인 상황이 닥친 것은 천재지변이 일어나서가 아니다. 아브라함이나 이삭 때처럼 일백 년만의 대기근이 닥쳐와서가 아니다. 악하고 불의하고 잔인하기 이를 데 없는 저 포악한 약탈자 갈대아 사람들 때문에 일어날 현상이다. 갈대아 사람들이 쳐 올라오는 것이 실제 상황이 되면 어떤 일이 벌어질지 선지자는 잘 알고 있다. 그들은 하나님도 인정하실 정도로 포악하고 잔인하고 교만한(1:6-11) 족속들이다. 그들이 유다를 징벌하기 위하여 쳐 올라와 만행을 벌여서 빚어질 참상이다. 무화과나무도, 포도나무도, 감람나무도, 곡식과 채소밭도, 가축들의 우리도, 소의 외양간도 모두 쑥대밭이 되고 말 것이다. 그날은 대 환난의 날이다 (16절).

선지자는 갈대아를 동원하여 유다의 불의와 불신앙을 심판하시겠다는 하나님의 계획을 처음 들었을 때의 마음과 그것이 현실로 다가오고 있는 현실을 실감하는 자신의 상태를 솔직하게 털어놓는다. 그는 고백한다. 창자가 흔들리고, 입술이 떨리고, 뼈가 썩어들어가는 것 같고, 몸이 떨리고…(16절). 사실 이러한 현실을 살아야 한다는 것을 생각하면 자연인 하박국으로서는 견딜 수 없는 두려움과 고통에 빠져들 수밖에 없다. 선지자는 그 상황을 생각하는 것만으로도 "창자가 흔들렸다(심장이 요동쳤다)"고 한다. 불안과 근심의 극치를 경험하고 있다는 말이다. "내 뼈에 썩히는 것이 들어 왔다"고 털어놓는다. 고통의 극치에 이르렀다는 말이다. "온몸이 내 처소에서 떨린다"고 고백한다. 극도의 공포 상태에 있음을 드러낸 것이다. 이것이 자연인 하박국이 본인에게 닥칠 현실에 대하여 갖는 반응이다.

기다림

하나님께 처음 응답의 말씀을 들었을 때, 선지자는 그것이 말이 되느냐는 식으로 따져 물었었다. 그러나 지금은 그날을 내다보며 묵묵히 기다리고 있다(16절). 대환난의 날, 생존을 위협할 난리가 자신이 살아가는 삶을 향하여 닥쳐오고 있는 것을 빤히 보면서도 선지자는 정신을 가다듬고 자신의 처신을 준비하고 있다. "그러나 나는 환난 날을 기다릴 것이다(Yet I will wait patiently)." 도피도 아니고, 혼비백산도 아니다. 왜 이러십니까, 언제까지 이러실 것입니까 하며 쏟아내는 항변도 아니다. 그런 상황만은 면하게 해달라는 애원도 아니다. 그런 상황이 오면 땅에 추락할 하나님의 영광을 내밀며 하나님과 벌이는 흥정이나 협박도 아니다. 선지자는 하나님으로부터 그런 일이 있을 것을 들었으며, 이제는 그날이 다가오는 것을 보며 기다리고 있다. 그 참혹하고 두려운 상황을 삶의 현실로 맞을 준비를 하고 있다. 모든 환난의 한복판으로 내쳐질 각오를 하며 기다리고 있다. 하나님이 역사를 그렇게 진행하시겠다고 정하셨기 때문이다.

그러나 선지자가 기다리는 것은 갈대아가 쳐들어와 만행을 저지를 그 현실이 닥쳐오는 것을 기다리는 것만은 아니다. 그 역사를 통과한 끝에서 마침내 하나님이 이루실 그 현실을 또한 바라보며 기다리고 있다. 그것은 그들에 대한 하나님의 심판이다. 선지자는 잠시 후 닥쳐올 환난에 대해서만(1장) 하나님께 들은 것이 아니다. 하나님이 자신의 공의와 역사 진행에 따라 마침내 이루실 결과에 대하여도 들었다(2장). 선지자가 궁극적으로 기다리는 것은 하나님이 이루실 그 역사의 성취이다. 선지자는 눈앞의 환난의 현실을 넘어서 반드시 다가올 하나님의 최후 승리의 현장을 기다리고 있다. 하나님께서 말씀하셨기 때문이다. 선지자는 그것을 확신하고 있다. 그 확신 때문에 닥쳐오는 환난의 때를 잠잠히 기다리며 당해 낼 준비를 할 수 있다. 그런 점에서 그의 기다림은 이중적이다. 살아내야 할 닥쳐오는 현실을 기다림과 그 역사 끝에서 물이 바다를 덮음같이 여호와의 영광이 넘칠 그 날을 기다리는 삶이다. 사실 이 땅에서 신자의 삶은 기다리는 삶이고 그 기다림은 언제나 이중적이다.

갈대아 사람들이 몰고 올 참혹한 현실은 하나님이 약속하신 목적이 이루어지는 곳을 향하여 가는 과정일 뿐이다. 어떤 사람은 부흥기를 통하여, 어떤 시대는 박해를 통하여 하나님이 목적하신 곳을 향하여 나아간다. 그러나 하나님의 궁극적인 목적은 우리를 죽이려는 것이 아니라 살리려는 것이다. "이 묵시는 정한 때가 있나니 그 종말이 속히 이르겠고 결코 거짓되지 아니하리라 비록 더딜지라도 기다리라 지체되지 않고 반드시 응하리라"(2:3, 4). "물이 바다를 덮음같이 여호와의 영광을 인정하는 것이 세상에 가득하리라"(2:14). "오직 여호와는 그 성전에 계시니 온 땅은 그 앞에서 잠잠할지니라"(2:20). 갈대아의 만행이 하나님의 계획에 의한 것이라면 마침내 시간이 되면 심판을 행하고 의인을 살리신다는 그 말씀도 하나님이 계획하시고 마침내 성취하실 사실이다. 그러므로 3장에서 기도를 시작하는 첫머리에서 하박국은 여호와의 일을 속히 이루시고 하나님의 일을 나타내주실 것을 구하였다. "여호와여 주는 주의 일을 이 수년 내에 부흥하게 하옵소서 이 수년 내에 나타내시옵소서"(3:2). 하나님에 대한 신뢰가 확고부동하니 아직 펼쳐지지 않은 미래도 지금 여기서 이루어지고 있는 것처럼 믿을 수 있다. 그것을 근거로 지금 이곳의 현실을 살아갈 수 있다. 그러므로 선지자가 그 환난의 날이 현실로 닥쳐오는 것을 조용히 기다리기로 하는 것은 불가항력적인 상황임을 깨닫고 자포자기해서가 아니다. 조용히 운명을 받아들이려는 체념에서 오는 것도 아니다. 어떻게 길이 열리겠지 하고 요행수를 바라보며 다 내려놓고 그냥 주저앉아 시간을 보내는 것이 아니다. 신앙인에게 있어서 기다림 곧 인내란 얼마나 적극적이고 멋진 것인지를 우리는 2장에서 이미 살펴보았다. 신앙인에게 인내는 막연히 시간을 보내는 것이 아니라, 소망에 찬 기다림이다. 그러므로 선지자는 기다리는 데서 한 걸음 더 나아간다. 그는 노래를 불러댄다.

환난의 한복판에서 부르는 노래

그러나 나는 여호와를 인하여 즐거워하며 나의 구원의 하나님을 인하여 기뻐하리로다 (18절).

이것이 그가 부르는 노래의 1절 가사이다. 그의 노래는 이렇게 2절로 이어진다.

주 여호와는 나의 힘이시라 나의 발을 사슴과 같게 하사 나를 나의 높은 곳으로 다니게 하시리로다 (19절).

이 두 절의 노래는 매우 긴밀한 관계를 맺고 이어진다. 아래에서 다시 살펴볼 것이다. 아무튼 이것은 환난 가운데서 누리는 즐거움이요, 죽음의 위협 가운데서 부르는 노래이다. 아무리 세상이 뒤집혀도 나에게는 여전히 즐거워할 이유가 있고 내게는 여전히 부를 노래가 있다! 사회 전체, 나라 전체가 생존을 유지하는 것이 불가능한 혹독한 상황에서도 여전히 즐거워할 이유가 있고 부를 노래가 있다는 외침이다. 이 노래를 부르고 있는 선지자의 심정은 비장하다. 어조를 가만히 들어보면 그는 매우 흥분하고 있을 뿐 아니라 매우 단호하다. 현상을 뒤집는 것이고 현실을 거역하는 몸짓이다. 이것은 하박국에게 일어난 하나님에 대한 새로운 이해에서 온 결론이다. 새롭게 만나는 하나님과의 경험의 결과라고 해야 한다. 하박국의 이 선언은 바로 시편 18편의 말씀을 떠오르게 한다. "나의 힘이 되신 여호와여 내가 주를 사랑하나이다!"(시 18:1). 하박국은 틀림없이 신앙의 조상 시인 다윗 왕의 노래를 기억했을 것이다. 그리고 바로 그 심정이었을 것이다. 다윗의 다른 시를 또한 떠올리기도 했을 것이다. "여호와는 나의 빛이요 나의 구원이시니 내가 누구를 두려워 하리요 여호와는 내 생명의 능력이시니 내가 누구를 무서워 하리요 악인들이 내 살을 먹으려고 내게로 왔으나 나의 대적들 나의 원수들인 그들은 실족하여 넘어졌도다 군대가 나를 대적하여 진 칠지라도 내 마음이 두렵지 아니하며 전쟁이 일어나 나를 치려할지라도 나는 여전히 태연하리로다"(시 27:1-3). 내가 대학교를 졸업하고 군입대병으로서는 노인 나이라고 할 수 있는 스물다섯에 훈련소에 입대하는 전날, 나를 앉혀놓고 아버지께서 주신 말씀도 다윗의 이 말씀이었다. 나는 이 말씀을 어려움에 처할 때마다, 두려운 상황에 직면할 때마다 기억했고, 혼자서 기도할 때마다 고백하고 선포하는 심정으로 반복적으로 되뇌곤 하였다. 선지자의 이러한 모습은 또한 확신에 차서 부활을 내다보는 사도 바울이 죽음을 향하여 비웃고 조롱하듯 불러대는 노래를 생각나게 한다. "사망아 너의 이기는 것이 어디 있느냐 사망아 너의 쏘는 것이 어디 있느냐 우리 주 예수 그리스도로 말미암아 우리에게 승리를 주시는 하나님께 감사하노라!"(고전 15:55, 57). 환난, 곤고, 핍박, 기근, 적신, 위험, 칼로 둘러싸여 살아가는 현실 한복판에서 "누가 우리를 그리스도의 사랑에서 끊으리요"라고 당당히 외치는 사도 바울의 모습을 떠오르게 한다(롬 8:35). 도살장으로 끌려가는 양처럼 종일 죽음이 눈앞에서 어른거리는 현실의 한복판에서 "이 모든 일에 우리를 사랑하시는 이로 말미암아 우리가 넉넉히 이기느니라"라고 현실을 맞서고, "어떤 피조물이라도 우리를 우리 주 그리스도 예수 안에 있는 하나님의 사랑에서 끊을 수 없으리라"라고 외치면서, 하나님을 붙잡고 하루하루를 살아가는 자의 당당한 모습으로 환난의 한복판을 뚫고 나아가는 사도 바울을 떠오르게 한다(롬 8:36-39).

그러므로 하박국의 이 노래는 단순한 노래가 아니다. 비장한 각오가 서려 있는 신앙의 노래이다. 하나님 절대 신뢰에서 오는 승리자의 함성이다. 나 자신이 모든 환난의 한복판에 던져졌다 하여도 나는 여전히 기뻐할 것이고 나는 여전히 노래를 부를 것이라는 신앙인 하박국의 결기의 표출이다. 이것은 긍정의 힘이 아니다. 신앙의 힘이다. 긍정의 힘은 자기 속에서 나오지만, 신앙의 힘은 하나님으로부터 임한다. 오늘날 우리가 보고 싶은 신앙인이라 불리는 사람들, 오늘날 우리가 꼭, 그리고 시급히 되고 싶은 멋쟁이 신앙인이 바로 이런 사람이다. 히브리서 기자가 내세우는 세상이 감당치 못할 사람이란 바로 이런 사람이다. 신앙이란 모든 장애와 어려움을 제거하고 안전과 편안을 보장하는 안전장치가 아니다. 신앙이란 하나님이 어떤 분인가가 너무 확실하고 분명하여 그 하나님 붙잡고 세상 끝까지라도 나아가보고 하늘 끝까지라도 올라가 보려는 모험이다. 하나님에 대한 절대 신뢰에서 오는 모험의 여정이다. 신앙이란 환난의 한복판에 있으면서 이 환난의 끝에서 하나님이 이루실 승리를 지금(Now) 이곳에서(Here) 누리는 자의 능력이다.

즐거워하며 노래하는 근거

선지자의 극단적인 변화는 당연히 우리에게 중요한 질문을 불러일으킨다. 환난의 한복판에 내쳐진 상황인데도 어떻게 선지자는 이렇게 즐거워하고 기뻐하며 노래를 부를 수 있단 말인가? 현실이 뒤바뀐 것인가? 하나님으로부터 갈대아를 일으켜 쑥대밭을 만드는 일을 취소하시겠다는 전갈을 받은 것인가? 아니면 그들이 쳐들어와도 생각하는 것처럼 그렇게 처참한 일은 막아주겠다는 약속을 받은 것인가? 아니면 다 죽을 지경이 되어도 하박국 선지자만은 손을 대지 못하게 하나님께서 보호해주시겠다는 계시를 받은 것인가? 그렇지 않다. 쳐들어오는 갈대아군을 격퇴할 만큼 유다가 전력이 강화된 군대를 갖게 된 것도 아니다. 유다 사람들이 갈대아를 대항할 태세를 갖추고 뭉친 것도 아니다. 현실은 바뀐 것이 아무것도 없다. 하나님이 말씀하신 대로 갈대아 사람들은 여전히 쳐들어올 것이다. 그들이 쳐들어오면 생존을 유지하는 것이 불가능한 처참한 상황이 펼쳐질 것이다. 닥쳐올 현실을 생각만 해도 창자가 떨리고, 입술이 떨려 말이 만들어지지 않고, 뼈가 썩어들어가는 것같이 괴롭고, 몸이 덜덜 떨려서 발을 한곳에 딛고 서 있을 수 없게 되는 것은 여전하다. 그러면 무엇인가? 이 사람이 어떻게 이렇게 극적으로 다른 모습을 취할 수 있는 것인가? 신앙인으로서 우리의 진정한 용기와 즐거움과 평안의 근거는 어디에 있는가? 그것들은 어디에서 오는가? 밖으로부터 오는가? 아니면 내면으로부터 오는가? 현실과 나와의 관계로부터 오는가? 아니면 하나님과 나와의 관계로부터 오는가? 우리가 살아가는 데 있어서 내가 처한 현실 상황보다도 더 중요한 것은 무엇인가? 나는 여전히 즐거워할 이유가 있고 여전히 부를 노래가 있다고 외칠 힘은 어디에서 오는 것인가?

하박국은 자신의 노래에서 이미 답하고 있다. **"여호와를 인하여!"**, **"나의 구원의 하나님을 인하여!"** 하나님 때문이라는 것이다. 그러므로 그는 "그러나"라고 말을 시작하자마자 반복적으로 말한다. "여호와로 말미암아 즐거워하며 나의 구원의 하나님으로 말미암아 기뻐하리라!" "여호와를 인하여"라는 말은 "여호와 안에서"라고 하는 것이 더 적합할 것이다. 여호와 하나님이 환난의 한복판에서도 즐거워하고 기뻐하며 여전히 승리자의 노래를 부르는 확실한 근거이다. 현실 도피도 아니고 혼비백산도 아니다. 왜 이러십니까, 언제까지 이러실 것입니까 하며 쏟아내는 항변도 아니다. 그런 상황만은 면하게 해달라는 애원도 아니다. 여호와 하나님이 즐거움의 근거요 대상이다. 나를 구원하시는 하나님이 기쁨의 원천이요 능력이다. 그는 **자연인** 하박국에서 이제 **신앙인** 하박국의 경지로 나아가고 있다. 그는 처참한 현실에 초점을 맞추었던 시선을 여호와 하나님께로 옮기고 있다. 본문에는 "그러나"가 강조되어 있음을 주목해야 한다. 그럴 수 없는 현실이지만 **"그러나"** 자신은 그렇게 할 것이라고 당당하게 선포하는 것이다. 감정에 이끌려서가 아니라, 의지의 결단이라는 것을 분명히 한다. 세상사의 순리로는, 세상을 살아가는 사람들의 상식으로는, 보통 사람들의 경험법칙으로는 그러한 상황에서 결코 즐거워하고 기뻐할 수 없다. 그런 노래를 부를 수 없다. **"그러나"** 나는 그런 상황에서도 이 노래를 부른다는 선언이다. 그리고는 온 세상을 향하여 즐거움과 기쁨에 차서 외치듯 노래를 불러댄다. 하나님이 어떤 분이신가에 대한 확신은 우리에게 결단력 있는 반응을 불러일으킨다. 그러므로 내가 처한 현실이 어떤 상황인가 하는 것이 궁극적인 문제가 아니다. 그러한 현실에 내가 어떻게 반응하는가가 중요한 문제다. 내가 어떻게 반응할 것인가를 결정하는 근거는 내가 어떤 현실에 처해 있는가가 아니다. 신자와 불신자의 차이는 어려운 일을 당하는가 당하지 않는가의 차이가 아니다. 닥친 어려움에 어떻게 반응하는가의 차이이다. 그리고 그 근거에 나에게 하나님은 어떤 분이신가에 대한 확신이 자리 잡고 있다.

고난이 갖는 의미 때문에

환난이 그 자체로 즐겁기도 하고 기쁜 노래가 되기도 하는 일은 없다. 그러나 그런 환난에 휘둘리면서도 그 가운데서 즐거워할 수 있고 흥겨운 승리의 노래를 부를 수 있다. 그것이 신자의 능력이요 신앙의 비밀이다. 순교자들은 불에 탈 때, 돌에 맞을 때, 칼에 찔리고 총에 맞을 때 전혀 아프지도 않고, 고통스럽지도 않아서 그렇게 편안하게, 때로는 오히려 감사하고 찬송을 부르며 순교할 수 있었던 것이 아니다. 고통이 고통으로 느껴지지 않는 기적이 일어나서가 아니다. 그 끔찍한 고통보다도 더 좋은 것, 더 귀한 것, 아니 더 귀한 분을 소유하고 있다는 확인으로부터 오는 것이었다. 스데 반은 질질 끌려가는 것이 마치 스트레칭을 하는 것처럼 온몸이 시원하고, 날아오는 돌에 맞는 것이 마치 안마의자에 앉아서 안마를 받는 것처럼 개운해서 그렇게 편안한 모습으로, 그렇게 위대한 말을 하면서 죽을 수 있었던 것이 아니다. 사도 바울은 "나는 이제 너희를 위하여 받는 괴로움을 기뻐하고 그리스도의 남은 고난을 그의 몸 된 교회를 위하여 내 육체에 채우노라"라고 선언한 적이 있다(골 1:24). 그가 여기서 말하는 육체에 채운 고난은 고린도후서 11장 등에서 밝힌 그 지독한 고난들을 말한다. 그가 고난을 기뻐한 다는 말은 고난 자체를 기뻐한다는 말이 아니다. 고난이 전혀 고난 이 아니라는 말도 아니다. 그러므로 이 말을 가지고 사도 바울을 본받아 우리도 고난을 기뻐하자고 말한다면 그것은 턱없는 말이다. 바울은 그 말을 하는 것이 아니다. 고난이 기쁠 때는 없다. 신앙을 지키기 위하여 굶었다고 하여 굶주림이 즐거움이 되는 때도 없다. 아무리 복음을 위하여 혹은 교회를 위하여 맞는 것이라고 하여도 채찍을 맞으면 아프다. 무시를 당하면 자존심 상하고 기분 나쁘다. 사도 바울처럼 자존심 강하고 자기주장이 뚜렷한 사람이 복음을 전하다 생명의 위험에 처하여 밤중에 광주리를 타고 내려와 도망가는 것이 즐겁고 기쁠 리가 없다. 사도 바울이 교회를 위하여 당하는 고난을 기뻐하는 근거는 분명하다. 고난 자체가 아니다. 그렇게 당하는 고난의 의미 때문이다. 그래서 말한다. "나는 이제 너희를 위하여 받는 괴로움을 기뻐하고 그리스도의 남은 고난을 그의 몸 된 교회를 위하여 내 육체에 채우노라"(골 1:24). 고난을 기뻐하는 비정상인이거나 혹은 현실을 뛰어넘는 초인이 되었다는 말이 아니다. 바울은 자신이 당하는 고난 자체가 아니라, 그 고난의 의미에 집착한 것이다. 바울의 논리를 풀어 말하자면 이런 뜻이다. 내가 당하는 이 지독한 고난은 주님이 이곳에 계셨다면 그분이 당할 고난(그리스도의 남은 고난)인데 내가 대신 당하는구나! 이 고난은 내 육체에 채우는 그리스도의 남은 고난이구나! 그렇다면 이 고난을 겪고 있는 동안은 내가 그리스도 예수 나의 주님이 되는 것이나 마찬가지가 아닌가! 이 깨달음이 그 혹독한 고통과 고난 한복판에서도 기뻐할 수 있는 이유가 되었다고 말하는 셈이다. 베드로와 요한은 예수의 부활을 전하다가 감옥에 갇혔다. 산헤드린 공회 앞에서 경고를 받고 풀려났지만 또 복음을 전하다가 다시 투옥되었다. 이번에는 채찍을 맞고 예수의 이름으로 말하지 말라는 경고를 받고 풀려났다. 그런데 사도들은 기뻐하면서 공회 앞을 떠나갔다. 채찍을 맞으니 기분 전환이 되고 몸이 가뿐해서도 아니다. 전혀 아프지 않은 기적이 일어나서가 아니다. 모욕적인 채찍을 맞고 경고를 받고도 기뻐하면서 그들 앞을 떠나간 이유는 분명했다. 그렇게 고통당한 것의 의미 때문이었다. 채찍의 고통과 인격적 능욕이 예수의 이름을 위한 것이고, 주님은 우리를 복음을 위해서라면 이런 고난을 당해낼 수 있는 실력 있는 수준의 사람으로 인정해주셨다는 깨달음 때문이었다. "사도들은 그 이름을 위하여 능욕 받는 일에 합당한 자로 여기심을 기뻐하면서 공회 앞을 떠나니라"(행 5:41). 그러므로 그리스도를 위하여 고난당할 때 그것을 기뻐하자고 선동하는 것은 맞지도 않고 현실적이지도 않다. 고난이 기쁨이 되는 사람은 아무도 없다. 그렇게 당하는 그 고통의 의미에 집착하여 고통 가운데서도 기쁨과 즐거움을 누리자고 해야 한다. 그것이 바로 신자가 누리는 신앙의 능력이다.

나의 구원의 하나님... 나의... 나의... 나를...

선지자는 이어서 "여호와를 인하여", "나의 구원의 하나님을 인하여"라고 말한 것의 구체적인 내용이 무엇인가를 진술한다. 무엇을 두고 "여호와를 인하여"라고 했는가를 밝히는 것이다. 그것이 그가 부르는 노래의 2절 가사인 셈이다.

> 주 여호와는 나의 힘이시라 나의 발을 사슴과 같게 하사 나를 나의
> 높은 곳으로 다니게 하시리로다 (19절).

하나님은 나의 주인이시고, 그분이 나의 힘이시고, 그분이 나의 발을 사슴과 같게 하시고, 그분이 나를 나의 높은 곳으로 다니게 하

신다고 확신에 차서 당당하게 선포한다. 이 모든 말은 결국 주 여호와는 "나의 구원의 하나님"이라는 선언으로 요약된다(18절). 이 것은 최후의 승리를 취할 사람은 바로 나라는 확실한 보증이다. 이 것이 환난이 닥치는 현실 한복판에서도 여전히 즐거워하고 기뻐하며 노래하게 한다. 하박국은 이 사실을 믿고 있다. 닥쳐오는 환난의 현실을 놓고 하박국이 거듭 확신에 차서 확인하는 사실이 이것이다. 하나님과 자기 자신과의 관계 확인이다. 나에게 하나님은 누구인가, 그분이 나를 어떻게 하실 것인가를 확인한다. 2장에서 하박국은 하나님은 어떤 분이신가, 그분은 역사를 어떻게 다스리고 이끌 것인가를 깨닫고 확인하였다. 하나님은 불의를 끝까지 용납하시는 분이 아니다. 그분은 심판하시는 분이요 정의를 반드시 세우시는 분이다. 하나님이 역사의 주권자시며 역사는 하나님께서 정해놓으신 곳을 향하여 지금도 진행하고 있다. 이 사실을 근거로 세상이 어떻게 뒤집혀도 의인은 여전히 제 갈 길을 간다는 결론에 이르렀다.

그러나 3장에 오면 다른 모습이다. 2장에서 얻은 여호와 하나님에 대한 객관적 이해에서 이제 하나님과 자기 자신과의 관계 확인으로 나아간다. 객관적 구속사에 대한 이해에서 이제 자기 자신의 영역으로 연결되는 주관적 구속사의 경지로 이동한다. 여호와 하나님과의 관계성에서 확인되는 자신의 정체성에 집착한다. 그 사실을 근거로 이 현실에서 자기가 취할 태도와 반응이 무엇인가를 확인한다. 하나님의 존재와 능력과 영광과 속성에 대한 지식이 뛰어나고, 그것을 제대로 진술하는 능력을 갖추는 것은 매우 중요하다. 그러나 하나님과 나와의 관계로 연결되지 않으면 그것은 한낱 신학적 지식 혹은 학문적 정보에 그칠 뿐이다. 우리의 신학은 재진술 신학이 아니라, 삶과 잇대어지는 적용신학이어야 한다. 역사의 통치자이신 하나님이 결국 하박국의 하나님이 되고 있다. 이 사실을 근거로 하박국은 자신에게 닥친 현실을 그렇게 살아낸다. 이런 사실을 통하여 본문이 독자인 우리에게 은근히 요구하는 도전이 있다. 하박국의 하나님이 결국 우리의 하나님이요, 결국 나의 하나님이라는 사실이다. 하박국서가 궁극적으로 우리에게 말하고자 하는 바가 그것이요, 하박국이 살아낸 현장을 보면서 우리가 결국 이르러야 하는 종착점도 그것이다. 하박국의 말씀은 결국 하박국의 하나님을 우리의 하나님으로, 우리의 하나님을 나의 하나님으로 이해하고 붙들게 인도한다.

모든 신자를 향한 보장

혹독한 고난의 현실 한복판에서도 여전히 하나님을 근거로 즐거워하고 노래를 부르며 현실을 살아가는 하박국의 이 모습이야말로 "의인은 그의 믿음으로 말미암아 살리라"고 하셨던 그 삶을 사는 전형적인 모습이다. 세상이 뒤집히고 현실이 요동을 쳐도 여전히 자기의 길을 가는 신자의 모습인 셈이다. 하박국의 이 말씀들은 우리도 하박국처럼 그렇게 하라는 경고보다는 하나님은 이런 분이라는 보장으로 주어지고 있다. 너희도 그렇게 할 수 있도록 하박국처럼 강해지라는 요구가 아니라, 하박국의 하나님이 너희의 하나님이시니 너희도 이렇게 할 수 있다는 격려요 보장이다. 신자는 하나님이 정하신 그날이 오기를 기다리며 산다. 더 정확하게 말하면 그날에 오시는 그분을 기다린다. 신자에게는 그날이 있고 그날에 주님이 오신다는 것, 그러면 어떤 상황이 벌어지는가는 너무도 확실하다. 그렇게 확실하니까 신자는 마치 지금 그분이 오신 것처럼 하루하루 세상을 살 수 있다. 사도 베드로가 흩어진 나그네들에게 말한 것처럼 우리는 예수를 보지 못하였으나 사랑한다. 여러 가지 시험으로 말미암아 잠깐 근심하게 되지 않을 수 없으나 오히려 크게 기뻐한다. 지금도 보지 못하나 믿고 말할 수 없는 영광스러운 즐거움으로 기뻐한다. 우리는 믿음의 결국 곧 영혼의 구원을 받은 사람들이기 때문이다. 한마디로 하면 우리는 신자이기 때문이다. 우리 신자들은 환난의 한복판에서도 그분이 오시는 확실한 세상을 붙잡고 즐거워하고 노래를 부르며 산다. 신자는 그렇게 제 길을 간다. 그렇게 가다가 그 길목 어디에선가 기다리던 우리 주님을 얼굴과 얼굴로 뵙게 될 것이다. 그것이 신자의 가장 큰 명예요 또한 영광이다. 그러므로 제 길을 가는 신자를 세상이 핍박은 할 수 있지만

이기지는 못한다. 최후 승리는 "그래도 여전히 제 길을 가는 신자"
의 몫이다.